株式会社日税ビジネスサービス　編
株式会社日税経営情報センター　著

税理士と共に進める
事業承継型M&A

中小M&Aを成功に導く最適チーム

発行：ダイヤモンド・ビジネス企画
発売：ダイヤモンド社

はじめに

今、多くの中小企業では、創業者や二代目経営者が引退を考えるタイミングとなり、避けて通れない事業承継という経営課題に直面しています。

これまでの中小企業における事業承継支援は、後継者がいる企業向けの支援が中心であり、親族内の承継をターゲットとして相続税、贈与税の事業承継税制が拡充されてきました。しかし、政府の試算で２０２５年までに経営者が70歳以上となる中小企業が２４５万者あり、そのうちの約半数となる１２７万者が後継者未定と見込まれています。

この後継者のいない会社の事業承継に手を打たなければ、中小企業の事業承継問題は根本的な解決には至らない状況となっています。

そこで提唱されているのが、第三者への承継となるＭ＆Ａを活用した事業承継になります。このように第三者承継の促進が声高に叫ばれているにもかかわらず、中小企業経営者にＭ＆Ａの知識が十分行き渡っておらず、そのために多くの中小企業がＭ＆Ａに躊躇し、せっかくの機会を逃しているのではないか、という危機感があります。

本書は、これまでの中小企業M&Aの本に見られるM&Aの知識だけにとどまらず、中小M&Aに内在するリスクを回避しながらM&Aを成功に導いていくために、「誰」と一緒にどのように取り組んでいくべきなのか、ということを書かせていただきました。

中小M&Aには、法務、財務、税務上多くのリスクが存在し、そのリスクを軽視していると大きなトラブルになることがあります。本書では、中小M&Aのリスクを回避しながら望ましい相手と成約するために、個々の会社の実情をもっともよく理解している税理士先生と一緒に進めることの必要性を提唱しています。

第1章では、中小M&A市場の動向について考察しつつ、M&Aを活用した事業承継問題の解決を明示した「第三者承継支援総合パッケージ」、そして、私たちのようなM&Aアドバイザーにとっても行動規範となる「中小M&Aガイドライン」について取り上げます。

第2章では、多くの経営者がどのようなタイミングで引退を決意するのか、そして、後継者のいない中小企業経営者が事業承継を考えるときの究極の選択肢となる「廃業とM&A」について考察しました。

第3章では、親族内承継、社内承継だけではなく、第三者への承継となるM&Aを進める上でも税理士先生が必要不可欠な存在であること、そして、事業承継としての中小M&Aを成功に導くのに、「税理士先生と共に進めるM&A」がもっとも適していることをのべさせていただきました。

第4章は、M&Aを進める上で税理士先生と共にチームの一員となるM&Aアドバイザーを選ぶときの留意点について、第5章ではM&Aを実行する前にやっておくべき「経営の見える化と磨き上げ」について取り上げました。

第6章から第8章は、中小M&Aの進め方、M&A価格の決まり方、買手の狙いなど、実際にM&Aを進めるときに必要となる知識について、第9章ではM&Aを失敗しないために必要な心構えをまとめました。

日税経営情報センターは、「税理士とその関与先のために」を経営理念として半世紀の歴史を刻む日税グループの一員として2018年に創業した会社です。中小企業経営者にとって避けて通れない事業承継問題をはじめ、さまざまな経営課題解決に向け「税理士先生と共に支援する専門家集団」として立ち上げました。

事業承継については税理士先生に相談するが、実際にM&Aを実行しようという場面では、自分の判断で専門業者に依頼し、税理士先生がはずされてしまっているということがあると聞きます。

くり返しますが、多くのリスクが内在する事業承継としての中小M&Aにおいては、税理士先生の知見は不可欠です。そして、私たち日税経営情報センターは、あなたの事業承継問題に対して、税理士先生と共に最適な解決策を提案し、あなたにとって最良の成果をサポートします。

本書が、中小企業経営者の皆様にとって、事業承継問題の解決への一助となることを祈念しております。

株式会社日税ビジネスサービス
株式会社日税経営情報センター
代表取締役会長兼社長　吉田　雅俊

目次

第4章 M&Aアドバイザーの選択基準

第1章

中小M&A市場の動向

1　中小M&A

本書は、2020年3月に中小企業庁より公表された「中小M&Aガイドライン」に準拠しながら、売手側（譲渡側）となる中小企業経営者や株主の皆様にとって必要な中小M&Aの知識と、これからの中小M&Aにとって重要な役割を期待される税理士と共に進める事業承継型M&Aについてまとめています。

この章では、中小M&Aを取り巻く環境を理解していただくため、中小M&A市場の動向と「第三者承継支援総合パッケージ」（中小企業庁）、そして、私たちの行動の指針となる「中小M&Aガイドライン」について取り上げます。

中小企業の定義

中小企業基本法によると、中小企業は資本金もしくは出資金と常時使用する従業員数によって定義されています。

製造業（建設業、運輸業、その他の業種）では資本金・出資金の額が3億円以下で従業員は300

人以下の会社、卸売業では資本金・出資金の額が1億円以下で従業員が100人以下の会社、サービス業では資本金・出資金の額が5000万円以下で従業員は100人以下の会社が中小企業と定義されるのです。

その中でも、従業員20人以下の製造業（その他）、従業員5人以下の卸売業、サービス業、小売業を小規模企業者と定義しています。

また、法人税法上における中小企業軽減税率の適用範囲となるのは、資本金が1億円以下となっています。2016年時点で、中小企業が53万者（14・8％）、小規模企業者が304・8万者（84・9％）となっており、我が国の企業数の99・7％、従業員数で約70％を中小企業が占めています。

M&Aの定義

M&Aとは、Mergers and Acquisitions（合併と買収）の頭文字をとったものです。本書では、M&Aを企業の既存経営資源を活用することを目的に、経営権、所有権を移転したり、経営に参加したりする取引と定義します。

M&A市場の現状

日本企業におけるM&A件数は増加し続けており、2017年には初めて3000件を超え（30

M&A件数推移（1985〜2019）

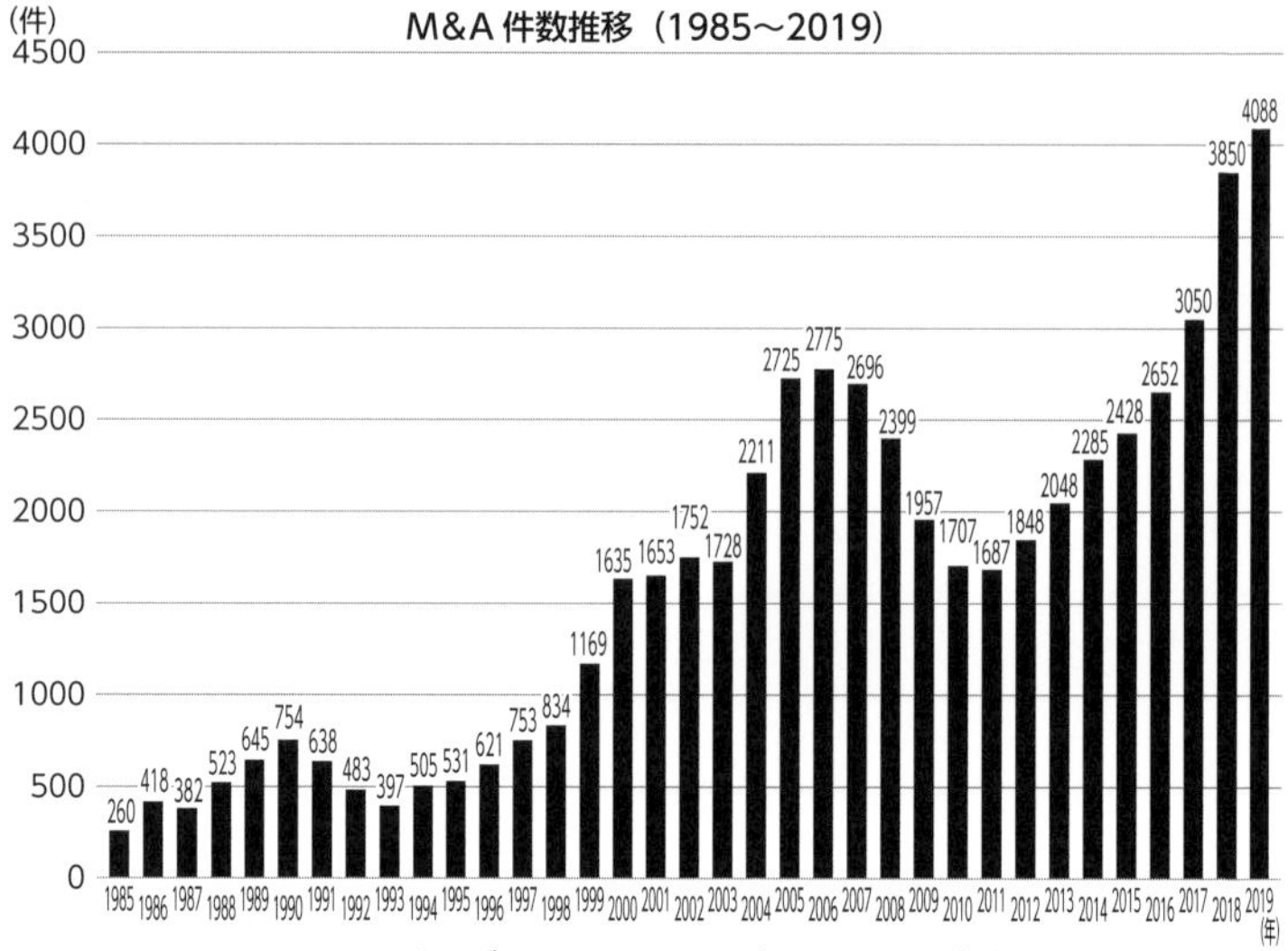

レコフM&Aデータベース：2019年12月までの実績

５０件）、２０１９年には４０８８件と過去最高の件数となっています。（16ページの図）

この数字は8年連続で増加しており、M&A市場での活況が続いていることの表れでもあります。ただし、２００８年から２０１１年にかけてM&Aの件数は落ち込みを見せました。これはリーマンショック、東日本大震災といった企業業績の悪化に直結するようなことが発生したためです。しかし、その後は経済の回復に合わせて、内外の競争激化に対する業界再編や競争力強化といった積極的で前向きな戦略の一つとしてM&Aが実行されてきました。

またM&Aが増加したのは、新たな会社法の成立、独占禁止法の改正で持株会社が解禁されたこと、株式交換や株式移転などの制度導入といったM&Aを後押しするような法的なインフラが整備されたことも影響しているといわれています。

最近では、これまでの経営戦略に基づくM＆Aに加えて、M＆Aを活用した第三者への事業承継が一定の市民権を持ち始めています。

このようなM＆A市場の活況は、低成長が続いている国内の会社が成長機会の獲得をめざしてM＆A市場に多く参入してきたこと、少ないパイを奪い合うように企業競争が激化してきていること、そして、中小企業の事業承継の増加などが背景として考えられています。

しかし、この間の中小企業の減少は数十万者に及んでおり、M＆Aの件数の増加とは比べものにならない状況となっています。事業承継が経営上の問題となっている中小企業政策では、このギャップをどのように埋めていくのかが課題となっています。

大廃業時代の到来

中小企業・小規模企業者の数は、2014年に380・9万者であったものが、2016年6月時点の中小企業庁のデータ（2018年6月28日に総務省と経済産業省が公表した、「平成28年経済センサス―活動調査」）では357・8万者となっており23・1万者の中小企業・小規模企業者が減少しました。（18ページの図）

1999年から2014年までの15年間で見ると約100万者減少しており、2016年から毎年

2014年と2016年の対比で、中小企業で2.7万者、全企業数の85%を占める小規模企業者が20.4万者と著しく減少しています。

中小企業・小規模企業者の数（万者）

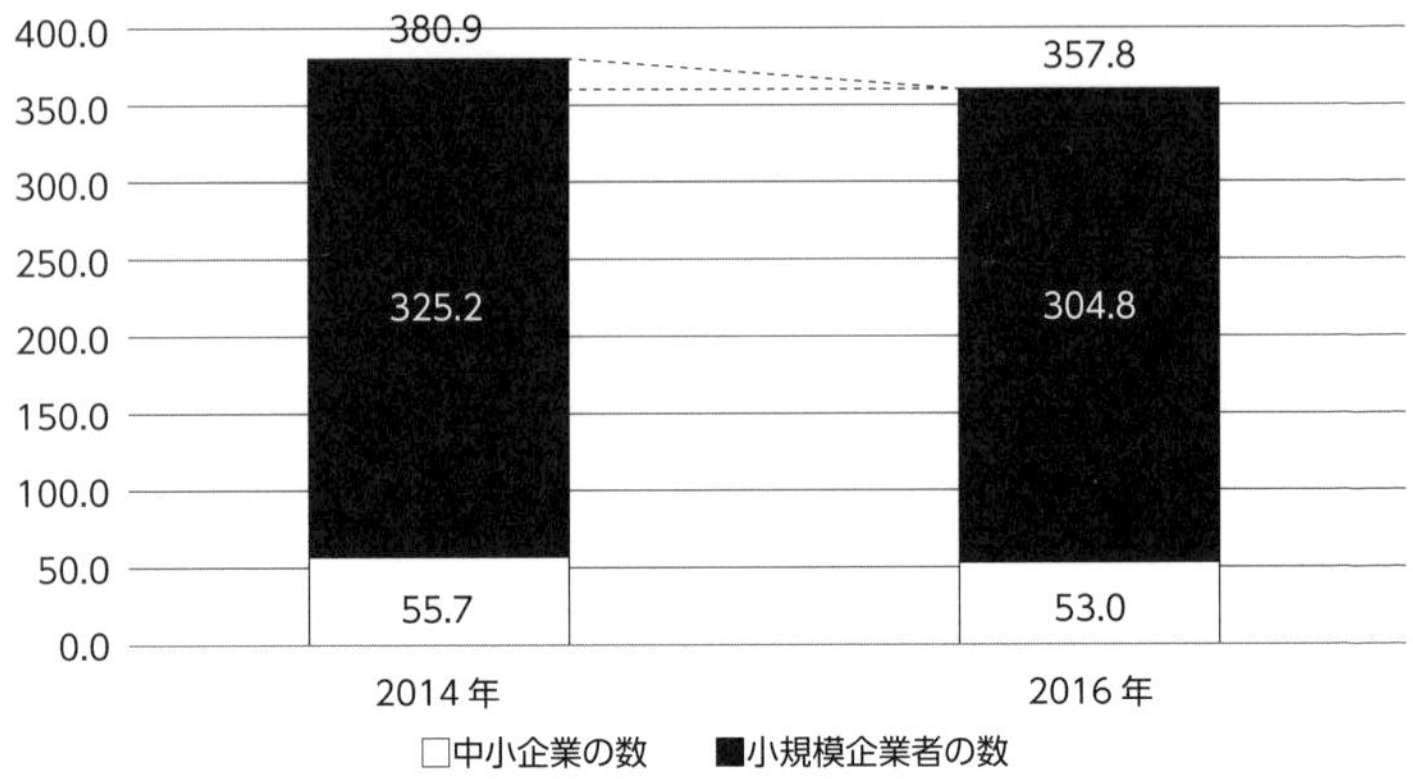

総務省・経済産業省「平成28年経済センサス―活動調査」より

約4万者を超える廃業があり、好景気といわれたアベノミクスの時期も減少傾向が続いています。

　これと同時に、経営者の高齢化が進む中での社長交代率（帝国データバンク、全国社長分析）は長期にわたって下落傾向にあり、1991年に4・96%であった社長交代率は、2016年には3・97%まで落ち込みました。

　この社長交代率を改善し中小企業の事業承継を促進するため、2016年12月に中小企業庁によって「事業承継ガイドライン」が策定されました。

　「事業承継ガイドライン」では、親族内の承継、社内の後継者（従業員）への承継、そして、社外への承継という全般について取り上げ、事業承継の準備の進め方、事業承継の課題への対応策、生命保険や信託などを活用した事業承継の円滑化に資する手法、支援機関などの仕組みを記載し、事業承継を促進していくための枠組みをまとめました。

しかし、想定していたようには事業承継は進まず、M&Aによる第三者への承継は伸びましたがそれでも年間4000件程度、廃業の件数は2019年で4万3348件、2020年は新型コロナウイルス感染症の影響もあって5万件を超えてくると予測されており、中小企業の減少は加速しています。（20ページの図）

そこで、この章で詳しく取り上げますが、2019年12月に「第三者承継支援総合パッケージ」、2020年3月に「中小M&Aガイドライン」が策定されました。

「第三者承継支援総合パッケージ」では、後継者のいない中小企業の承継を促進、定量的な数値目標も示されました。また、「中小M&Aガイドライン」は、健全な第三者承継の促進のため、事業承継の当事者である経営者、専門家、支援機関に行動の指針を示しました。

中小M&Aが増える理由

中小M&Aが増加している背景となっているのが、後継者不足です。

高度経済成長期を越えて中小企業を経営してきた世代が高齢となっている中で、後継者となるべき

休廃業・解散・倒産件数推移

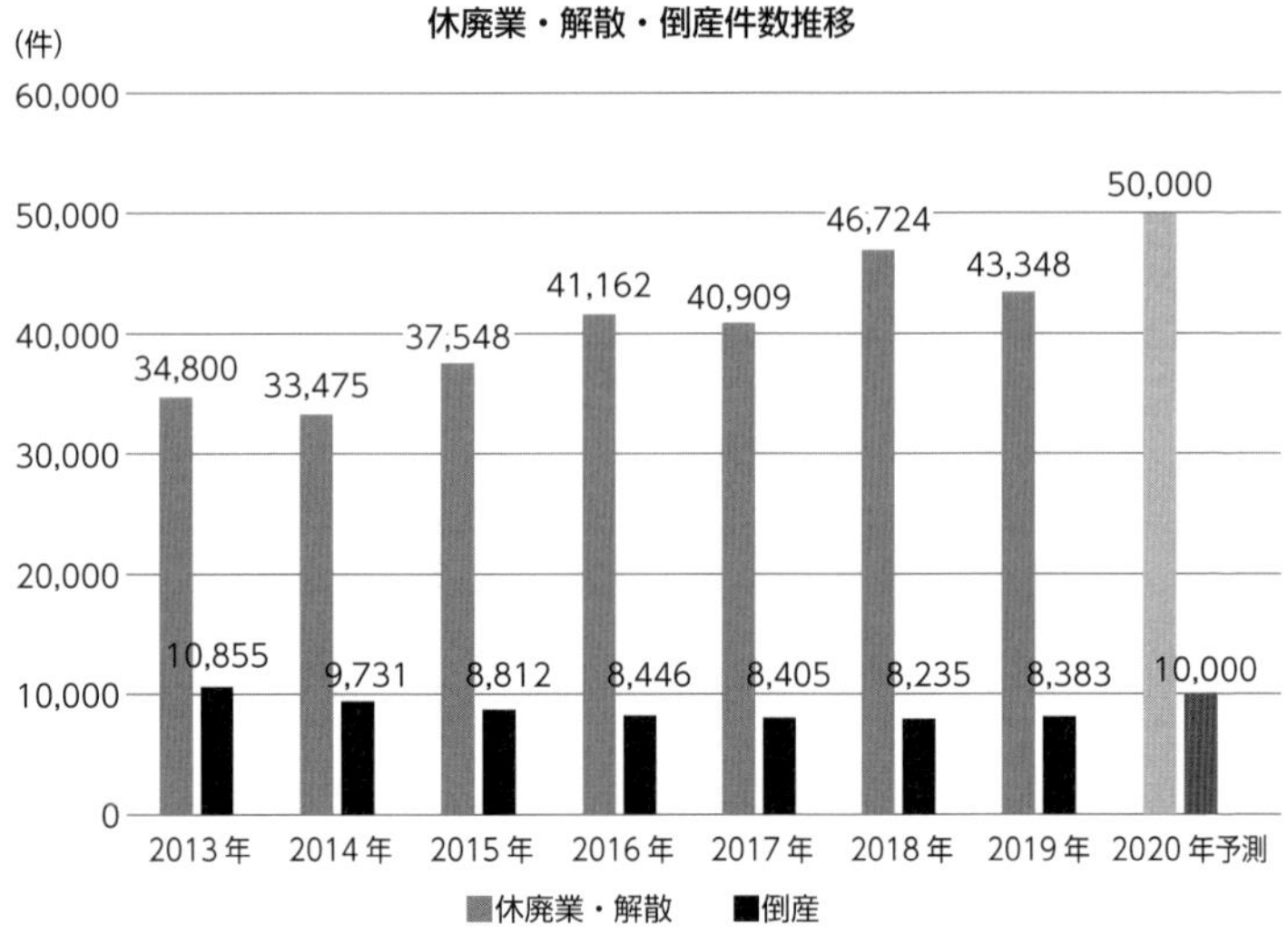

東京商工リサーチ 調べ

世代の子どもたちがすでに他の企業で中心的な戦力となっており、苦労してきた親の事業を継ぐという意思を持てなくなっている人たちも増えているようです。

サラリーマンとして安定した生活を送っている人たちにしてみれば、中小企業の経営者となって苦労しかねない、と本人のみならずその家族までもが後継者となることに反対することもあるようです。

したがって、中小企業においては後継者不在から会社を畳んで廃業するケースが増加しています。しかし、そういった環境下において、廃業よりもＭ＆Ａに活路を見いだす経営者も増加しています。

これらのことから、国内企業同士のＭ＆Ａが中小企業を中心に増加しているのは、主に後継者不足の深刻化が理由と考えられます。

ただ、直近の廃業の大幅な増加は、新型コロナウイルス感染症に起因する事業環境の悪化、業績の低迷、そして、将来への不安が理由となっていると思われます。

小規模企業者がM＆Aの主役へ

このような後継者不在など事業承継の問題から小規模企業者の多くが廃業を選択しているようですが、スモールM＆Aという概念が盛んに使われ、小規模企事業者のM＆Aも着実に増えています。

政府が２０１９年12月に策定した「第三者承継支援総合パッケージ」においても重視されている事業引継ぎ支援センターの相談件数、成約件数の推移を見てもそのことがわかります。（22ページの図）

２０１１年度は相談件数２５０件、成約件数０件だったものが、２０１８年度には相談件数１万１４７７件、成約件数９２３件へと伸長しています。

事業引継ぎ支援センターの主な相談受付先は小規模企業者であり、２０１８年のM＆A件数の約１／４を占めるに至っています。このように国内のM＆A市場の伸びの中心が小規模企業者となっていることがわかります。

ちなみに小規模企業者は我が国の企業数で約85％を占めており、今後も小規模企業者のM＆Aが中小企業M＆Aの中心として増えていくことが予測されます。

事業引継ぎ支援センター相談件数

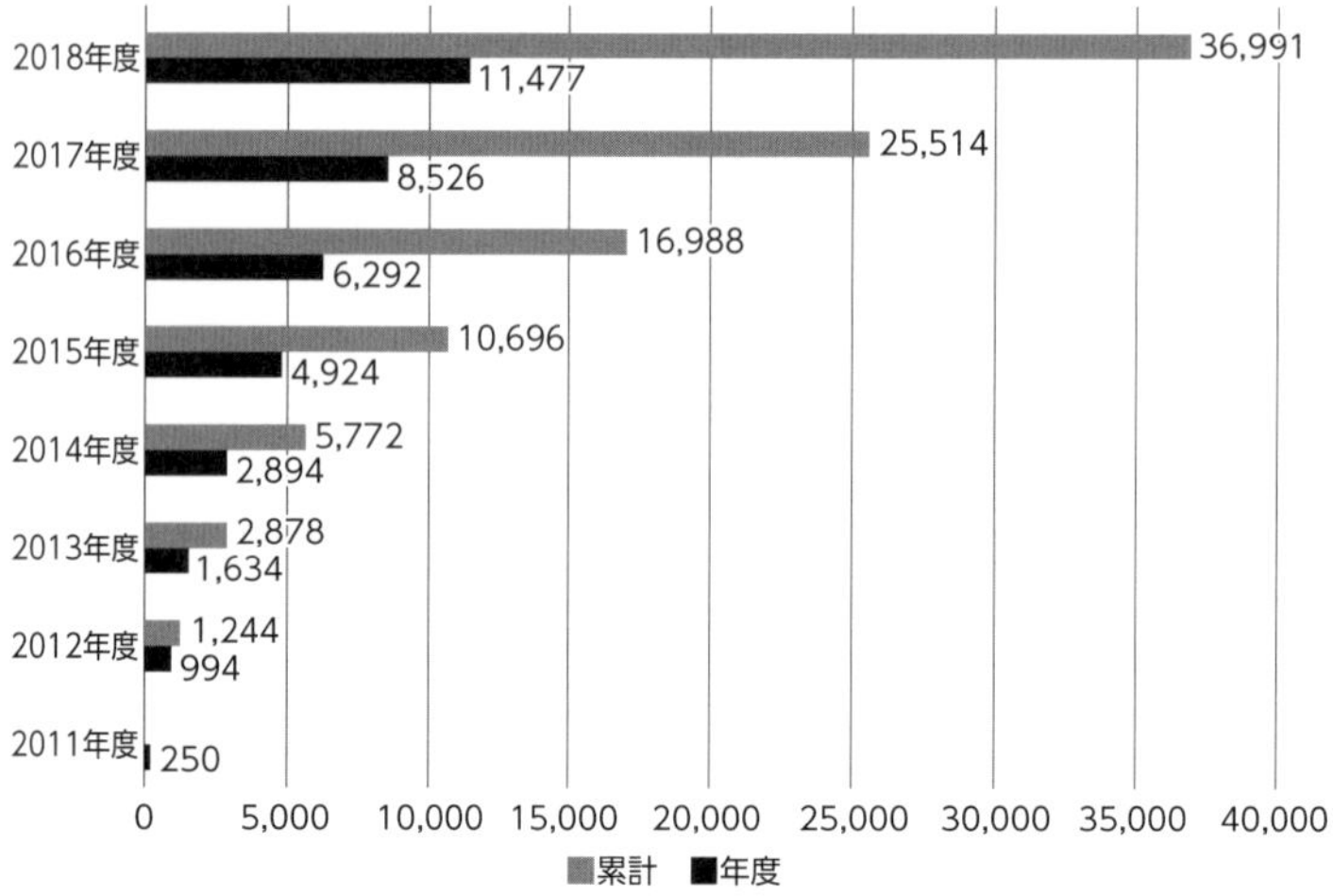

事業引継ぎ支援センター成約件数

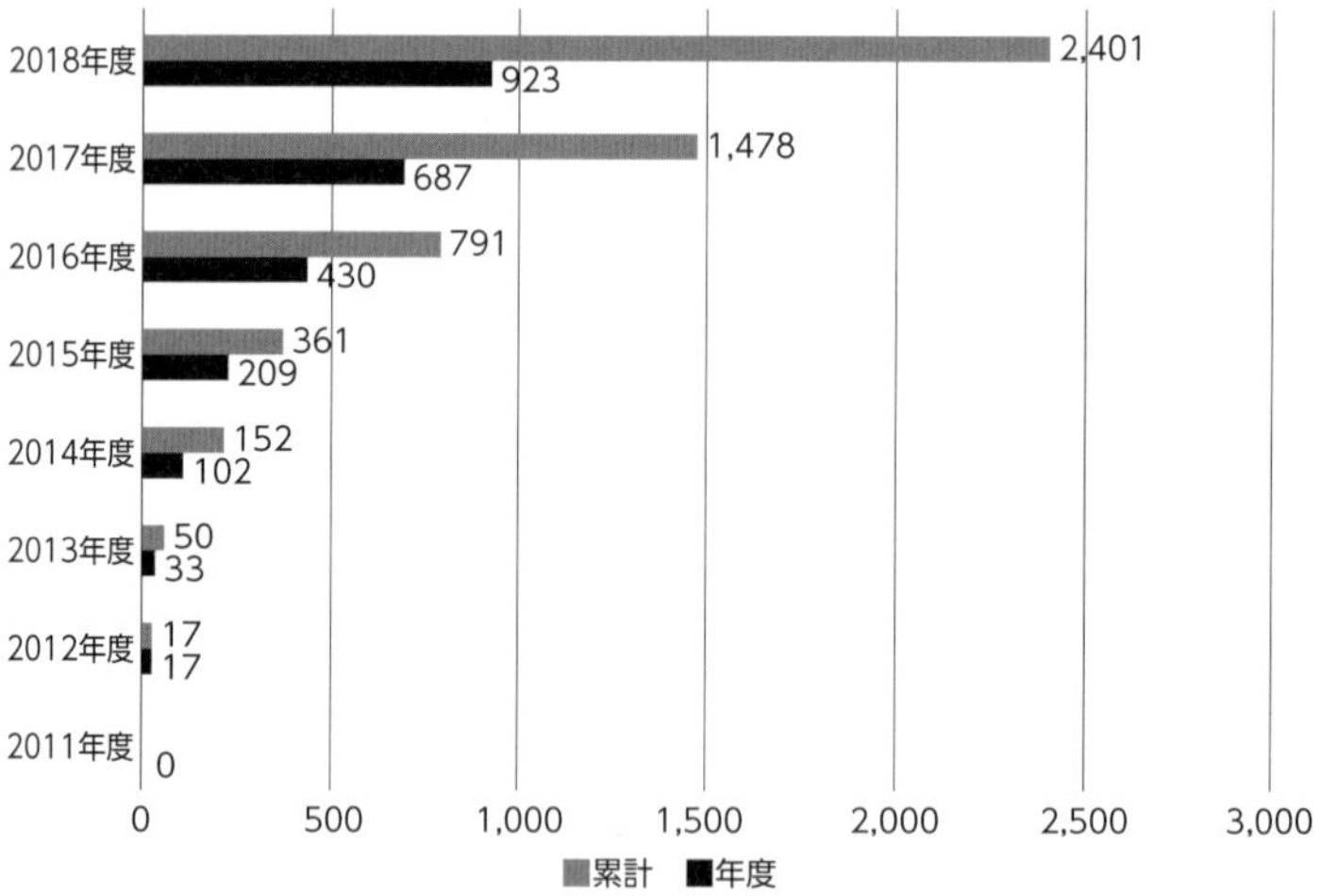

中小企業庁「第三者承継支援総合パッケージ」より

最近も経営者本人が信用金庫経由で事業引継ぎ支援センターに相談され、事業引継ぎ支援センターが買手とマッチング、その後の交渉と手続きに関して経営者から顧問税理士に相談があり、顧問税理士を通じて私たちがお手伝いを依頼されたケースがありました。このように経営者が自分自身で主体的に動くケースも増えていくと思われます。

コロナ禍における中小M&A市場

新型コロナウイルス感染症の拡大は国内のM&A市場にも大きな影響を与えており、2020年5月公表のM&A件数は、国内企業同士で193件となり、増減数は前年同月比で20・2%の減少となり低い水準にとどまっていました。（24ページの図）

多くの企業において需要が蒸発し業績が悪化する中で手元流動性（キャッシュ）の確保を最優先とする対策が進められてきたこと、そして、政府の緊急事態宣言もありなかなか意思決定ができず、緊急事態宣言後の情勢も不透明だったことから、先々の見通しが立つまで買収に資金を投下するような環境ではないと多くの経営者が考えたことが新型コロナウイルス感染症拡大の初期においてM&Aの件数が減少した大きな要因ではないかと考えられます。

ここでマイナスとはいえ成約した案件は、従来から交渉が進んでいたものが多かったと考えられます。私たちも、2019年10月からお手伝いしていた案件が、2020年5月に成約しました。

直近までの国内企業同士（IN-IN）のM&A件数推移

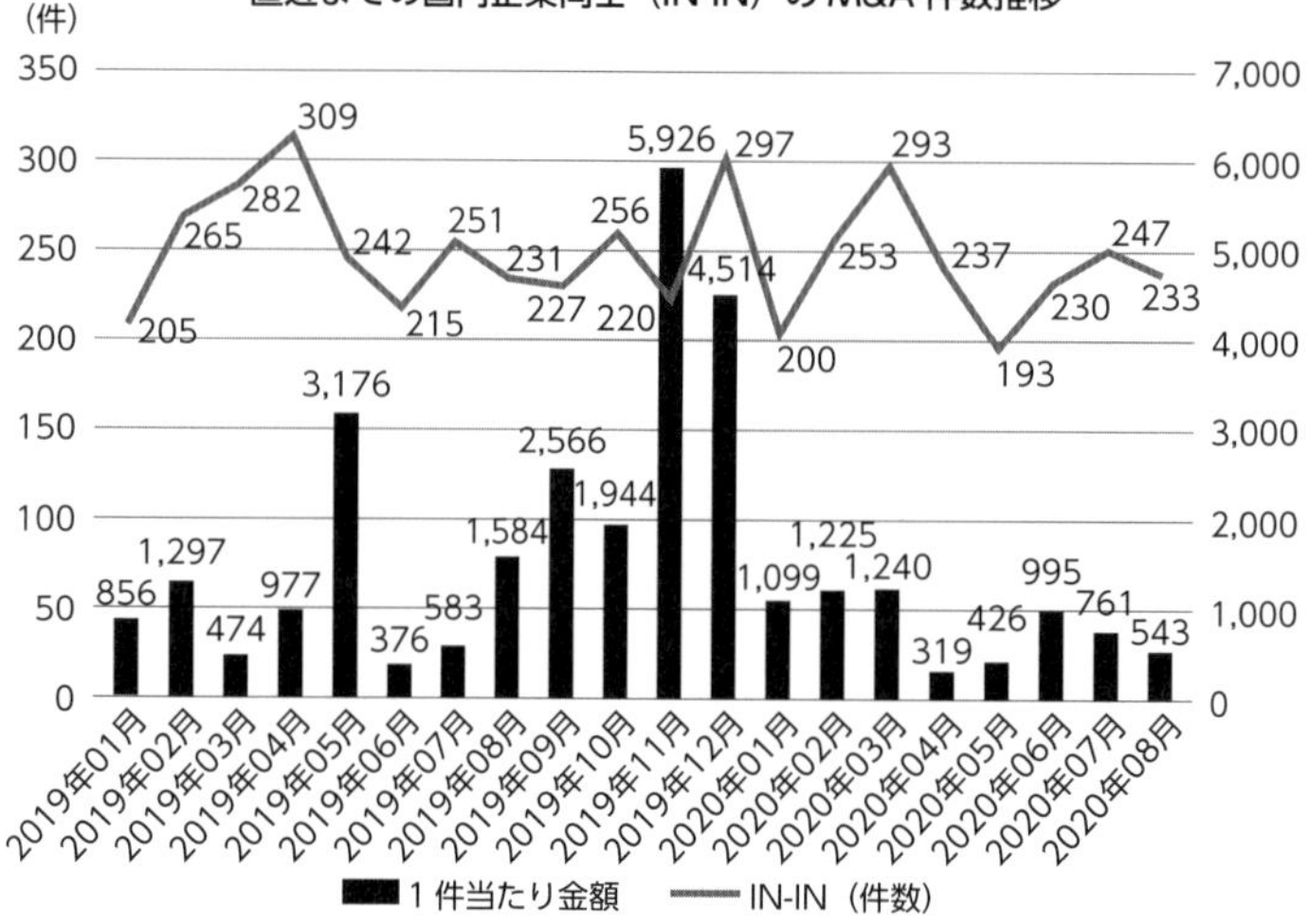

レコフM&Aデータベース：2019年1月〜2020年8月

Ｍ＆Ａ件数が持ち直すには時間が必要かと予測していましたが、６月には２３０件（前年同月比７・０％増）、７月には２４７件（前年同月比１・６％減）とほぼ前年並みに戻ってきており、Ｍ＆Ａ市場の底堅さがわかりました。コロナ禍をチャンスと捉えて、会社の苦境をＭ＆Ａを活用して脱しようと考えている経営者や優良会社のＭ＆Ａ価格が一段と低下するタイミングを狙っている買手が積極的に関与し始めていると考えられます。

その反対に、新型コロナウイルス感染症の影響によって、業績が悪化し、今後の業績の見通しに自信がなくなった経営者がＭ＆Ａを決意したケースも多かったのではないかと推測します。

日本経済新聞に掲載されたコロナ禍でのM＆Aによる業界再編に関する経営者アンケート調査では、コロナ禍の前に比べ自社の属する業界でM＆Aなど再編の動きが加速すると回答した経営者が43・5％おり、従来と同様というものも合わせて98・4％の経営者がM＆Aによる業界再編が拡大すると見ています。

こうした状況は、経営力を評価している会社に対して、金融機関がM＆A目的の融資についても前向きに対応していることが反映されていると考えられます。

新型コロナウイルス感染症の影響は大きいですが、以前のリーマンショックのように多くの金融機関が引き締めに走って融資が実行されないというような状況ではありません。今回のコロナ禍では企業の流動性確保のみならず、M＆Aのような前向きな資金需要に対して金融機関から十分な供給が行われていたことも2020年6月以降のM＆A件数の回復へと繋がっていると考えられます。

新型コロナウイルスが今後猛威を奮って我が国の経済活動が崩壊してしまう危機的な状態となる可能性もありますが、M＆Aに対する資金供給は、これからも潤沢に実施されていくと予想され、M＆Aの拡大傾向は続くと考えています。

コロナ後の中小M&A

前述したように、新型コロナウイルスの感染拡大というリスク要因はあるものの、中小企業の成長戦略にとってM&Aはますます必要不可欠な手段となっていくと考えています。

様々な市場の成熟化、少子高齢化による労働力不足といった経営課題に対する解決手段として、上手にM&Aを利用することが企業経営の巧拙に直結するということです。

コロナ禍にあって、最近の中小企業のM&Aには、これまでの業界や業種という垣根を超えて統合を志向していく動きも見られます。そして、後継者不在、業績の不透明感から小規模企業者を中心とした中小企業同士のM&Aも引き続き増えると予測しています。

2 「第三者承継支援総合パッケージ」と「中小M&Aガイドライン」

「第三者承継支援総合パッケージ」とは

2019年12月19日、政府は未来投資会議において、「新たな成長戦略実行計画策定に関する中間報告」をまとめました。テーマの一つに「中小企業・小規模事業者の生産性向上」が掲げられており、その中の「第三者承継を含む事業承継の促進と創業支援」を受けて、同年12月20日に「第三者承継支援総合パッケージ」が公表されました。

呼称の通り、「第三者への事業承継」を支援するための基本方針や、国が定める目安としてのゴールなどが盛り込まれており、今後の事業承継支援の要となっていくものになっています。

「第三者承継支援総合パッケージ」がめざすのは

これまでの中小企業の事業承継支援の流れとしては、2018年（平成30年）、2019年（平成31年）と、親族内をターゲットとして相続税、贈与税の事業承継税制が拡充されました。具体的には、対象株式数の上限を撤廃（改正前は2／3の上限あり）し、相続税の猶予割合を80％から10

第三者承継を促すべき数

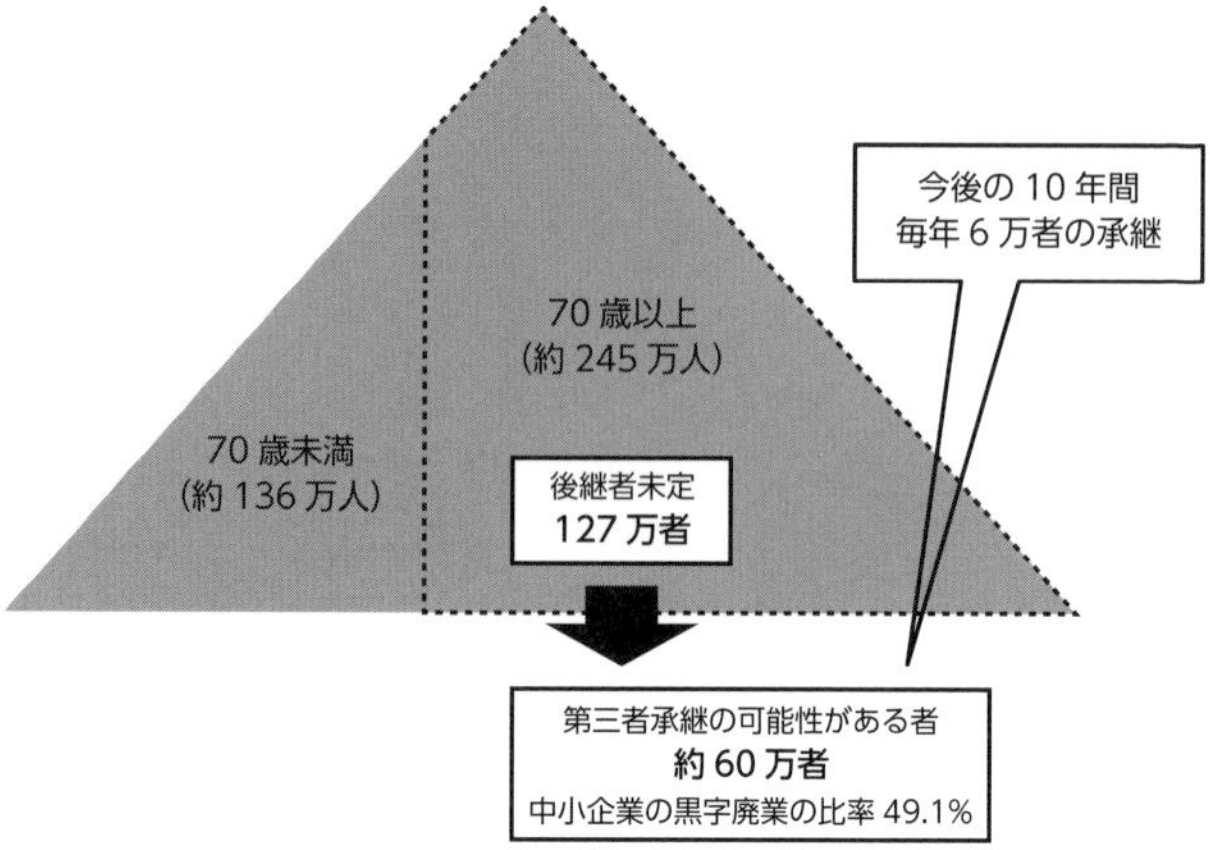

中小企業庁「第三者承継支援総合パッケージ」より

０％に引き上げるという使い勝手をよくする要件措置が行われました。

しかし、この事業承継税制は後継者がいる企業向けの支援であって、政府の試算では２０２５年までに経営者が70歳以上となる中小企業が２４５万者あり、うち約半数の１２７万者が後継者未定と見込まれているため、ここに手を打たなければ根本的な解決にはならないという問題意識のもと、「第三者承継支援総合パッケージ」が策定されました。

「第三者承継支援総合パッケージ」では、後継者未定と見込まれる１２７万者のうち、現下の中小企業の黒字廃業比率などを掛け合わせて試算した黒字廃業の可能性のある約60万者を、この10年間で第三者承継を促すべき目標数とし、毎年６万者の第三者承継支援をめざしています。

「第三者承継支援総合パッケージ」が策定された理由とは

「第三者承継支援総合パッケージ」が策定されたのは、2017年に経済産業省が発表した「大廃業時代の到来で127万社（国内中小企業の1／3）が倒産する」という試算結果が大きく影響しています。この試算結果により、日本の深刻な後継者不足や経営者の高齢化が取り沙汰されるようになりました。

2020年は、これまで4万者台で推移してきた廃業数が、コロナ禍もあり5万者を超えると予測されています。

2025年における中小企業経営者は、70歳以上が245万人と大多数を占める中、その半数の127万人が後継者未定のままであり、このうち半数近くが、黒字廃業の可能性を抱えているといわれ、何も手を打たないまま大廃業時代を迎えれば、結果として22兆円ものGDPが失われ、650万人が失業すると考えられています。

親族内承継や社内承継だけでは到底追い付かない廃業のスピードに対応するべく、第三者承継としてのM&Aをもっと浸透させていく、それが「第三者承継支援総合パッケージ」の狙いであり、これが策定された理由です。

「第三者承継支援総合パッケージ」が掲げた3つの課題と対策

「第三者承継支援総合パッケージ」では、第三者承継が進まない要因として次の3つを明示しています。

●マッチング前の課題　↓　売り案件が圧倒的に少ない
●マッチング時の課題　↓　マッチングの成立が困難
●マッチング後の課題　↓　承継後の経営統合が困難

そして、それぞれの課題に対して下記のような対策によって解決を図ろうとしています。

●経営者の売却を促すためのルール整備や官民連携の取り組み
●マッチング時のボトルネック除去や登録事業者数の抜本増加
●マッチング後の各種コスト軽減

この中でも「経営者の売却を促すためのルール整備」においては、M&Aに対する中小経営者の知識不足を解消し、多種多様な中堅・中小のM&Aを担う専門業者（仲介会社とアドバイザリー会社のことです）の手数料やサービス体系を見極める判断基準を示すとともに、これまで懸念が呈されながらも政府が二の足を踏んでいた仲介やアドバイザリーといった中小M&Aを担う専門業者に対する行動規範としての「中小M&Aガイドライン」がまとめられました。

中小企業のM&Aというと、10年くらい前はハゲタカという印象で経営者から拒否反応がありましたが、ここ数年はかなり変わって来ており、M&Aは大企業だけがやるものではなく、中小企業の事業承継のツールとしてもあり得るという認識が浸透してきています。

同時に、担い手のM&A専門業者の数も増えており、それに伴う様々な懸念も出ているところです。中でも中小M&A専門業者の手数料やサービスの内容が多種多様なため、経営者からすると、価格面やサービス面で想定していたものと違う、といったことも起きています。

このような状況から、中小M&A市場の全体を俯瞰《ふかん》し、経営者にわかりやすくM&Aの知識を提供すること、そして、M&A専門業者に対しては、中小M&Aにおける行動の指針を示すことにより、価格面の適正化やサービス面の質を担保すること、こうしたことを目的に「中小M&Aガイドライン」が公表されました。

そこには、仲介やアドバイザーといったM&A専門業者にかかわる「高額報酬の要求と提供されるサービスの質への不信」ということがあるようです。

中小企業がM&Aを躊躇する要因

- ①M&Aに関する知見がなく、進め方が分からない
- ②M&A業務の手数料等の目安が見極めにくい
- ③M&A支援に対する不信感

中小M&Aガイドライン

後継者不在の中小企業向けの手引き

①
- ◆約20の中小M&A事例を提示し、M&Aを中小企業にとってより身近なものに。
- ◆中小M&Aのプロセスごとに確認すべき事項や、適切な契約書のひな形を提示。

②
- ◆仲介手数料（着手金／月額報酬／中間金／成功報酬）の考え方や、具体的事例の提示により、手数料を客観的に判断する基準を示す。
- ◆支援内容に関するセカンドオピニオンを推奨。

支援機関向けの基本事項

③
- ◆支援機関の基本姿勢として、事業者の利益の最大化と支援機関同士の連携の重要性を提示。
- ◆M&A専門業者に対しては、適正な業務遂行のため、
  ①売手と買手双方の1者による仲介は「利益相反」となり得る旨明記し、不利益情報（両者から手数料を徴収している等）の開示の徹底等、そのリスクを最小化する措置を講じる
  ②他のM&A支援機関へのセカンドオピニオンを求めることを許容する契約とする
  ③契約機関終了後も手数料を取得する契約（テール条項）を限定的な運用とするといった行動指針を策定
- ◆金融機関、士業等専門家、商工団体、プラットフォーマーに対し、求められる具体的な支援内容や留意点を提示。

中小企業庁　「中小M&Aガイドライン概要」より

「中小M&Aガイドライン」

中小企業庁が2020年3月に「中小M&Aガイドライン ―第三者への円滑な事業引継ぎに向けて―」を公表しました。

これは2015年3月に中小企業庁が公表した「事業引継ぎガイドライン〜M&A等を活用した事業承継の手続き〜」からの全面改訂版で、「第1章 後継者不在の中小企業向けの手引き」と「第2章 支援機関向けの基本事項」の2章で構成されています。

このガイドラインは法的な強制力のないものではありますが、中小M&Aのあり方をまとめた上で専門業者、士業を含む支援機関の行動指針まで踏み込んだ記載がなされていることから、仮にそうした支援機関と顧客との間で紛争

等に発展した場合には、裁判所がこのガイドラインの内容を基礎として判断する可能性もあると思われます。そのため中小M&Aに携わる当事者にとっては意義のあるものとなっています。

ここでは、経営者が「中小M&Aガイドライン」を読み込むときのポイントを紹介しておきます。

M&Aにより会社を譲り渡すことは「誇らしい」こと

M&Aによって会社を売却することについて、「後ろめたい」「従業員に申し訳ない」と感じているであろう経営者に対して、社外の第三者である譲り受け側が評価して認めることにより初めて実現されることなので「むしろ誇らしい」ことであり、積極的に中小M&Aを検討することが望ましいとしています。

仲介者の利益相反リスクについて注意を喚起していること

専門業者、士業を含む支援機関の基本姿勢や行動指針、各支援機関の特色についての記載がなされています。特に各支援機関の特色の中で、仲介会社とアドバイザー会社の立場の違いを明確にした上で、仲介会社における利益相反のリスクと現実的な対応策という項目を設けて注意を喚起しています。このことは、本書でも仲介者とアドバイザーの違いとして詳しく取り上げます。

M&A支援業務に資格はないが、専門知識が必要なこと

「中小M&Aガイドライン」ではM&A業界の問題として以下の指摘もしています。

M&Aについては、許可制・免許制等は採用されておらず、例えば、不動産取引においての宅地建物取引業法の規制のような業界全体における一般的な法規制も存在していません。

また、中小M&Aを支援する際には、マッチング能力や交渉に係る調整ノウハウ、さらに、財務・税務・法務といった分野の専門知識が不可欠となるケースが多く、支援経験や知見の乏しいM&A専門業者の場合には適切に業務を進められない恐れがあると指摘しています。

中小M&Aの昨今の潮流として、「営業力さえあれば良い」「マッチングさえできれば良い」かのような中小M&Aの専門業者が散見されますが、会社の売買は単なる物の売り買いではありません。売手と買手のマッチングだけでM&Aは完結しないことを認識しておかないと後々の大きなトラブルに繋がります。

そのためにはM&Aのリスクをしっかりと理解した本当の専門家が必要となりますし、私たちは、少なくとも一定水準以上の専門知識のある人間のみが、M&Aの支援業務を行うべきだと考えています。

「中小M&Aガイドライン」ではM&Aを進行するに際しては、仲介者やアドバイザーの選定へ細心

の注意を払うこと、さらには支援内容に対する税理士などからのセカンドオピニオンの必要性も説いています。

アドバイザーとの契約内容にまで踏み込んでいること

アドバイザーとの契約における専任事項、テール条項、手数料体系などの詳細な内容にまで踏み込んで、アドバイザーを選定するときの留意事項を整理しています。

支援機関ごとの役割を明確にしていること

顧客利益の最大化という支援機関の基本姿勢とともに、商工団体や士業などの支援業務を明確に記載し、適切な支援を受けるための留意点を整理しています。中小M&Aプラットフォーマーとして、インターネット上でのマッチング事業者についても記載しています。

株式価値の算定方法を、一般的な株式価値算定手法に準じて整理し直したこと

「中小M&Aガイドライン」の参考資料には、中小M&Aの譲渡額の算定方法について記載されており、譲渡額の算定方法として以下の3つを紹介しています。

●簿価純資産法

●時価純資産法
●類似会社比較法

また、時価純資産法の「参考」として、仲介会社が予備的企業価値評価でよく使う年倍法（時価純資産法または簿価純資産法に数年分の利益を加算して算出）が記載されています（本来、仲介会社は利益相反の関係から株式価値算定を行ってはいけません）。

2015年3月公表の「事業引継ぎガイドライン〜M&A等を活用した事業承継の手続き〜」では、この年倍法を一般的な評価方法のように記載していましたが、日本公認会計士協会が株式価値算定の考え方をまとめた「企業価値評価ガイドライン」にはこの年倍法といった評価方法がないことから、今回の「中小M&Aガイドライン」では年倍法を参考として扱い、株式価値算定の考え方にある3つの評価方法を適用すべきとしています。

このように「中小M&Aガイドライン」では、事例の記載を含めて仲介者とアドバイザーの行動指針、税理士などの士業への期待と役割を提示しており、これからM&Aを考える経営者の方は、ぜひともしっかりと読み込んでください。

第2章 廃業とM&A

1. 事業承継の基本を知る

経営者が後継者不在の中で事業承継を考えると、その選択肢は、自分の想定する引退年齢まで経営し廃業するか、それとも第三者へ承継するか、ということに集約されてきます。この章では、事業承継の全体像をつかんでいただきながら、後継者不在の会社にとって究極の選択となる廃業とM＆Aについて、そのポイントを取り上げます。

事業承継とは

事業承継とは、会社の経営権や理念、資産、負債など、事業に関するすべてを次の経営者に引き継ぐことを指します。日本においては２０１０年代以降に中小企業の事業継続の懸念から、この用語が中小企業庁によって使用されるようになりました。

そのため、「事業承継」という言葉には明確な定義があるわけではなく、「後継者の確保」と捉えている者もいれば、「相続税の問題」と捉えている者もおり、言葉を受け取る者によって意味合いが異なるようです。

そこで、初めに事業承継の概念について整理します。

2016年に策定された「事業承継ガイドライン」によると、事業承継とは「事業」そのものを「承継」する取り組みとあり、そうした事業承継の構成要素として、人（経営）・資産・知的資産（目に見えない経営資源・強み）の3つが挙げられています。これらは、まさしく経営者が事業を通じて培ってきたものであり、次世代に円滑に引き継がれていくことが重要です。

事業承継の手順

事業承継は、一般的に次のような手順で進むといわれています。（40ページの図）
1 事業承継に向けた準備の必要性の認識
2 経営状況・経営課題等の把握（見える化）
3 親族内、社内承継の場合は、事業承継に向けた経営改善（磨き上げ）
4・1 親族内、社内承継の場合は、事業承継計画の策定
4・2 社外承継の場合は、M&A等のマッチングの実施
5 事業承継の実行、M&Aの実行
6 ポスト事業承継（成長、発展）

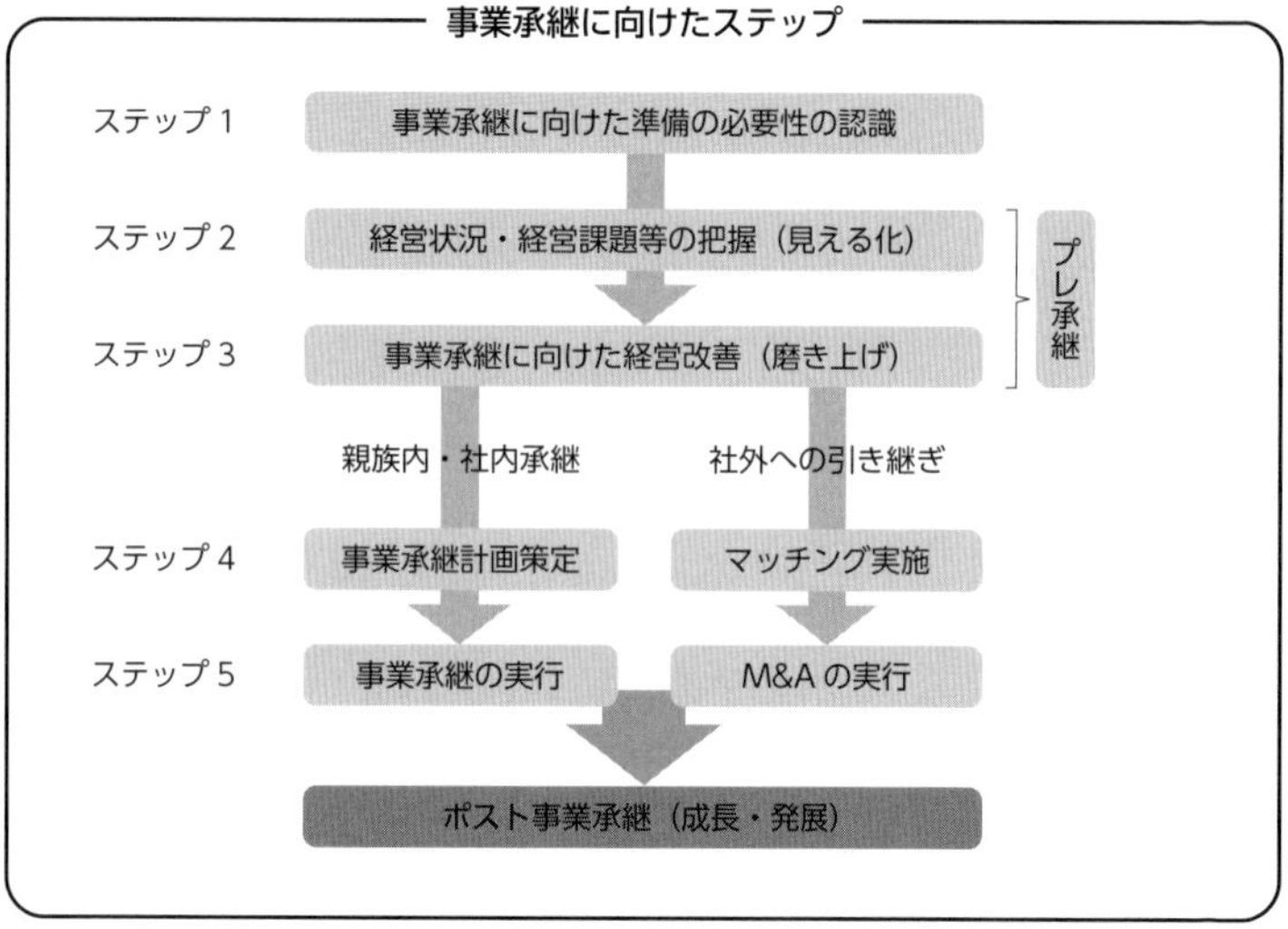

中小企業庁　「事業承継ガイドライン」より

親族内への承継でも、社内の承継でも経営権と所有権の移転は大きな課題であり、それなりに多くの準備が必要となります。ましてやM&Aは第三者への承継であり、第三者が理解でき、メリットを感じる事業、組織、財務、業務プロセスにしておくためにはそれ相応の準備と時間がかかります。

それなのに、60歳になっても、70歳になっても事業承継のことを具体的に考えない経営者もいます。その原因の一つとして、事業承継に相当期間の準備が必要だという認識がないことが挙げられます。

そして、事業承継をスムーズに行うために必要となる準備を行わない理由は、次のことを認識していないことが原因に挙げられます。

●そもそも事業承継には準備が必要であるという認識
●事業承継には相当の時間を要するという認識
●事業承継の準備の巧拙がその成否を分けるという認識

事業承継を円滑に進めるためには、現経営者は早期に準備に着手し、税理士をはじめ様々な専門家の協力を得ながら、事業承継の実行、さらには自社の事業の10年後を見据えて着実に行動を重ねていく必要があります。

どのような経営者であっても、まずは事業承継に向けた準備の必要性・重要性をしっかりと認識することが、事業承継の準備への第一歩となります。

そして、事業承継に向けた準備の必要性・重要性についてしっかりと認識できた後は、経営状況や経営課題等を把握し、これらを踏まえて事業承継に向けた経営改善に取り組む必要があります。事業承継に向けて、会社の足腰を固めるということです。

その後、親族内・社内への承継の場合には、後継者と共に事業計画や資産の移転計画を含む事業承継計画を策定し事業承継を実行に移すことになります。他方、社外への引き継ぎを行う場合には、引継ぎ先を選定するためのマッチングを実施し、合意に至ればM&Aなどを実行することとなります。

事業承継の実行後には、後継者による中小企業の成長・発展に向けた新たな取り組みの実行が期待されます。

事業承継によって何を引き継ぐのか

上場会社の場合は、経営権と所有権が分離しているケースが多く、経営者や経営権の交代と株式の所有権の交代は必ずしも同時に行われるとは限りません。一方、中小企業の場合は、事業の経営権と株主としての会社の支配権を同一の人物や組織が持っている場合が多いと思います。

上場会社の経営権の交代は、純粋な経営上の判断で行われるケースが多い反面、中小企業のような非公開会社の場合は、経営権の交代が支配権としての株式所有権の交代となるケースが多いため、経営的な判断だけではなく、「誰がこの会社を引き継ぐべきか」という、資産承継の面から判断されることも多くなります。

中小企業の事業承継とは、単に経営権だけでなく、会社の支配権や資産を含めた事業全体を引き継ぐことを指しているのです。

事業承継は経営上の課題だが

事業承継に対する考え方

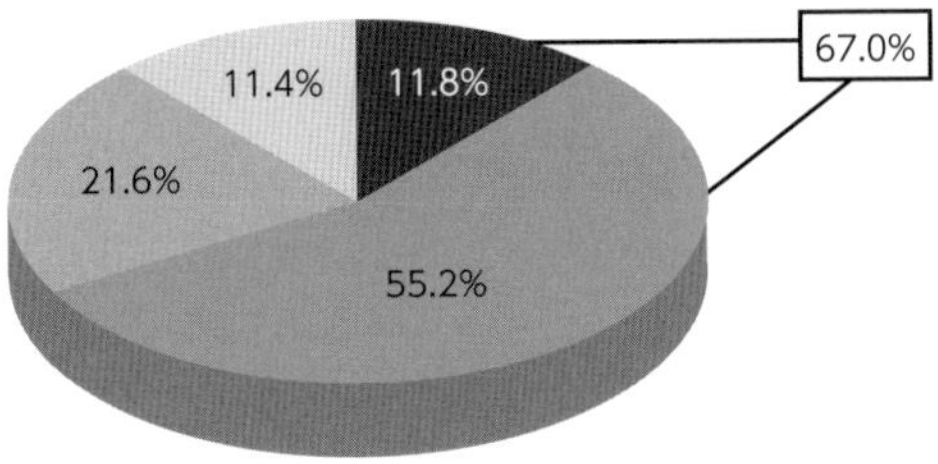

注：母数は有効回答企業（1万2000社）

■最優先の経営上の問題と認識している　■経営上の問題の一つと認識している
■経営上の問題として認識していない　■わからない

帝国データバンク「事業承継に関する企業の意識調査（2020年）」より

帝国データバンクの調査によると、事業承継を経営上の課題として認識している経営者は67％となっています。（46ページの図）

しかし、60歳代で後継者が未定の会社は56％、70歳代でも後継者が未定の会社が49％という状況があります。経営上の問題として認識はしていても具体的には動いていないという現実があります。

どうせ最後は廃業すればいいや、という経営者もいると思いますが、一人会社ならまだしも社員を雇用している会社としては問題があります。

ある運送会社の社長は、自身の年齢が60歳を迎えたときに自分なりの引退プランを作成し、そのプラン通りにM＆Aに取り組まれました。

業績は堅調に推移し、コロナ前からM＆Aに取り組み、仲介者も買手も決まっていましたが、買手との交渉途中でM＆Aのスキームと金額の内訳について仲介者の説明が曖昧でよくわからないということで顧問税理士に相談され、私たちがお手伝いしました。

社長は、40歳で運送会社を創業し、引退までに1億円の資産をつくるという目標を持って夫婦で頑張ってこられましたが、自分で想定した引退年齢に到達したことから、廃業するかM＆Aをするかを検討され、若い社員もいることから雇用維持を優先されてM＆Aを選択、自身でインターネットから仲介会社を選び、買手を決めたとのことでした。

この社長のように引退と事業の承継を自分で考えて自分で進められれば良いのですが、事業承継を経営の課題として認識はしているが、いまだ時間があると考えて、何らの準備もしていない経営者が多いのが実態ではないでしょうか。

しかし、現実的な問題として引退と事業承継を考えなくてはならないタイミングがあります。次に、このタイミングについてみていきます。

経営者が事業承継を考えるタイミング

後継者がいない会社であっても、後継者がいる会社であっても、経営者にとって引退を決断しなければならない時は必ず来ます。多くの経営者は、47ページの図のように、自身の年齢と健康上の問題が起きたとき、次いで業績が悪化したときに強く意識するようです。

次に紹介するのは、年齢ではなく健康上の問題が起きたことにより経営者が想定していた事業承継ができなかったケースです。

鉄道車両部品販売で長年安定した業績を挙げ、今後の見通しも良好な会社でした。鉄道車両関連の事業は、開発から導入まで時間がかかり、一度部品に採用されると車両が使用されている期間は持続的に部品の供給が求められる息の長い事業とのことです。

税理士を通じてオーナー社長と面談したところ、社内にも後継者がなく、入社したばかりの息子さんも継がない意向とのことでM&Aを希望されていました。

お預かりした資料を整理、希望譲渡価格の算定をしていたところ、面談から1週間後に入院されたとのことで、打ち合わせはいつも病室という状況となりました。面談した当時は、体調が悪いとは聞いていませんでしたがしっかりされていました。

私たちは入院されているオーナー社長と打ち合わせしながら、買手候補を絞り込み、買手候補に打診し、買手候補の社長と面談、買手候補も前向きに検討されて順調に進むかと思われた矢先、入院さ

社長年齢別に見た後継者の決定状況（%）

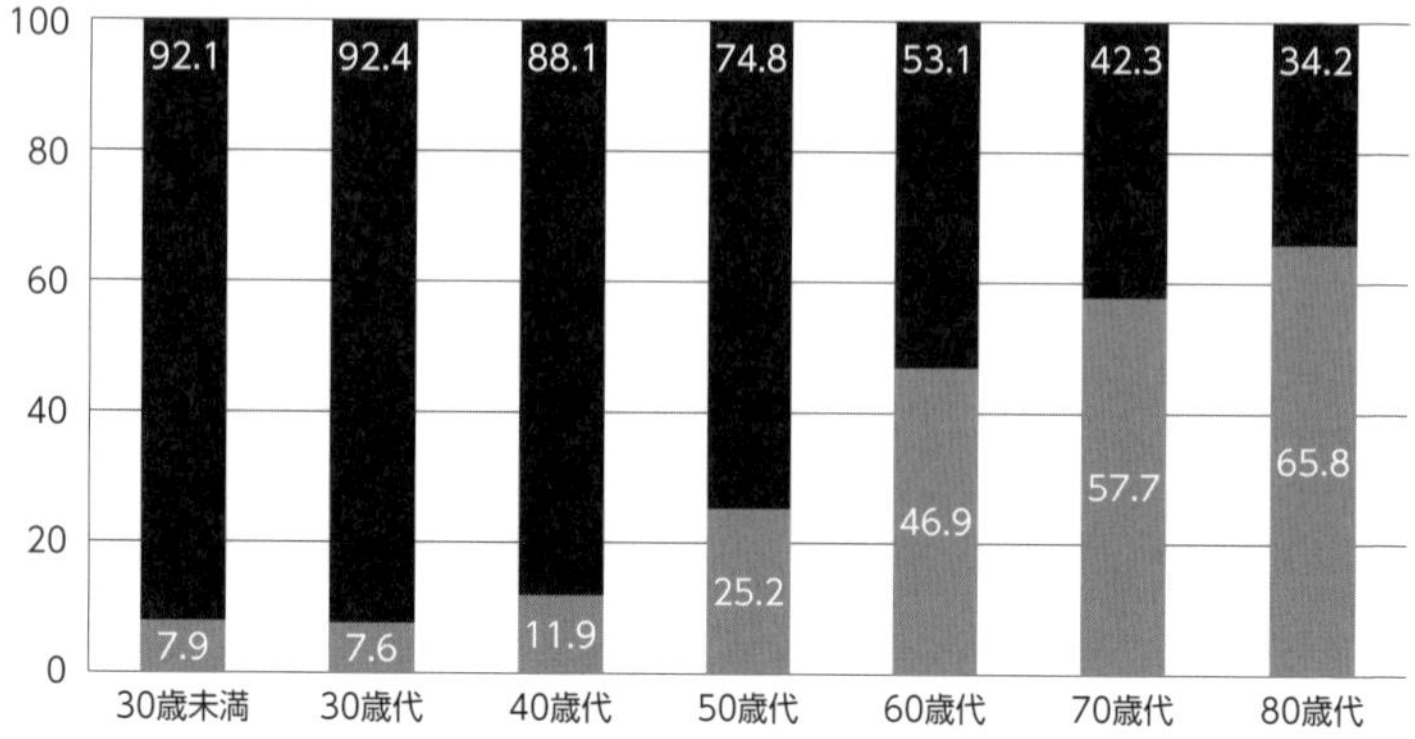

■後継者あり　■後継者不在

帝国データバンク「2017年 後継者問題に対する企業実態の調査」より

れていたオーナー社長の容体が悪化しました。

生前、オーナー社長は社員のことを考えると事業の特性を理解されている取引先の専門商社か、同業者を希望されていました。結果的には、息子さんが後継することで落ち着き、主要仕入れ先の上場企業が一人前になるまで支援することになりました。

この会社のように落ち着くべきところに落ち着けば良いのですが、後継者不在のまま、オーナー社長に急な健康上の問題が起きるとオーナー社長の意思とは違う選択を強いられることもあります。

また、ある食品輸送会社では、株式譲渡契約の調印式の5日前に株主の一人が入院、コロナ禍でもあり面会もできないことから、調印式を

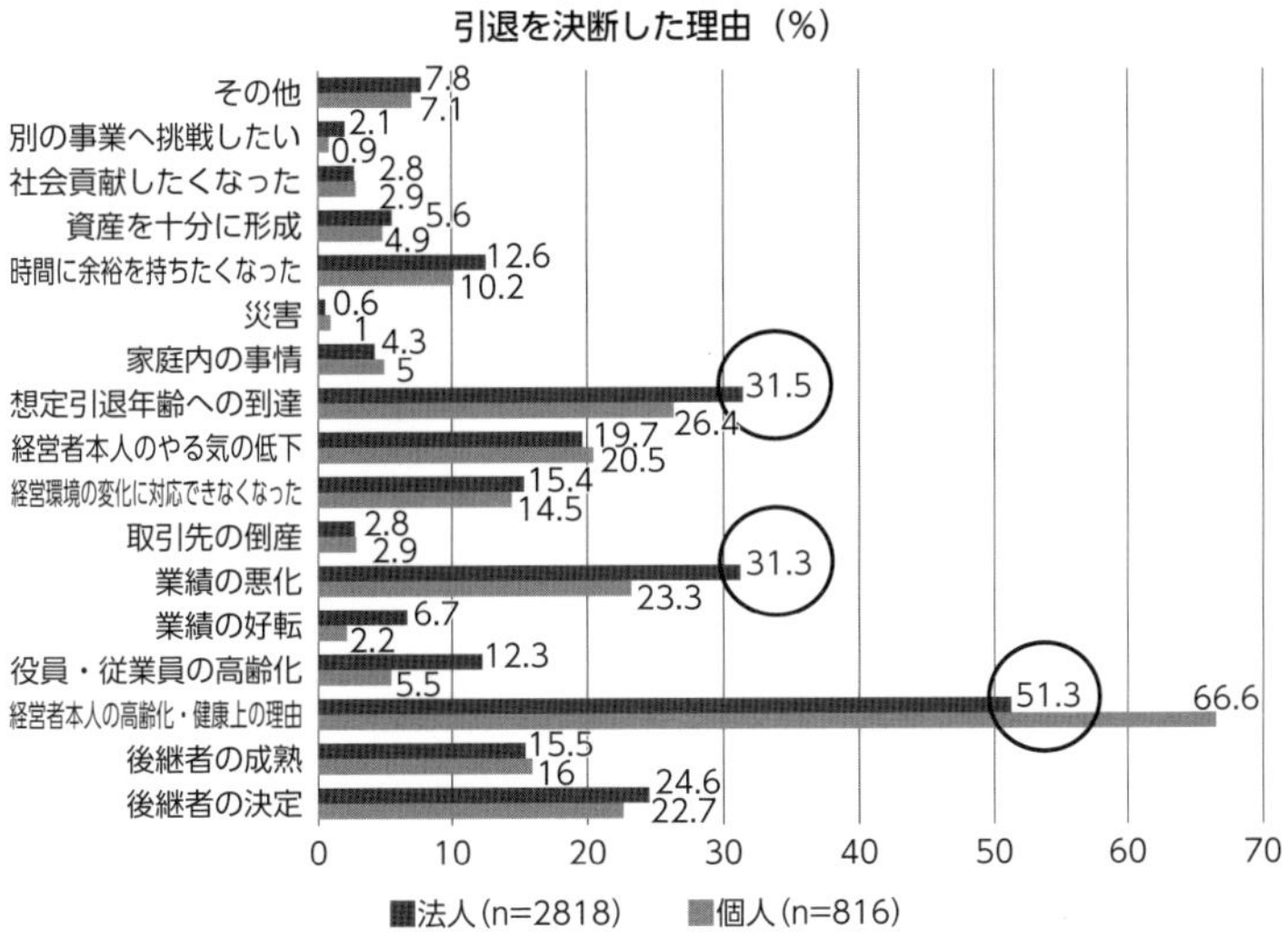

みずほ情報総研「中小企業・小規模事業者の次世代への承継及び経営者の引退に関する調査（2018年12月）」より

延期、中ぶらりんとなった間に社員の不安が増して社内が混乱する事態となった案件がありました。

健康上の問題は、いつ起きるかわからないものです。このことを想定し、引退年齢とともに健康上の問題が起きる年齢というのも意識して事業承継の準備を行うことが必要なのです。

政府は、事業承継の検討を始めるならば60歳からとしていますが、後継者不在で事業承継について第三者への承継を選択肢に入れたいと考えるならば、できるだけ早く取り組むべきだと考えます。今年、60代後半と70代後半の経営者のM&Aをお手伝いしましたが、70代後半で成約した経営者は、成約に至るまで約4年かかったと語っていました。ちなみに、私たちがお手伝いしてから9カ月で成約に至りました。

そして、60代後半の社長は、私たちがお手伝いしてから1年半で成約しましたが、5年前から検討を始めたとのことです。

理想の相手と握手するまではそれなりの時間がかかります。

業績の問題

健康上の問題と同様に経営者が引退、事業承継を意識するきっかけに業績の悪化があります。

経営者が高齢化し、事業意欲が陰ると会社の活力が衰えて売上が下がる傾向があり、このことも経営者が引退を考えるタイミングとなっています。

50代や60代前半の社長からM＆Aの相談を受けると、会社の業績、事業の見通しはしっかりしています。しかし、70代となると多くの会社で業績が低下しています。

東京商工リサーチの全国社長の年齢調査（49ページの図）の年齢別企業業績の項目を見ると、「増収」は30代以下で58・67％ともっとも大きいが、年齢と反比例して減少し、70代以上では42・55％にとどまっています。また、70代以上になると「赤字」や「連続赤字」の割合が全年代でもっとも大きく、社長の高齢化と業績低迷には相関が見られるようです。

2019年　社長の年齢調査

社長年齢別　業績状況

業績	30代以下	40代	50代	60代	70代以上
増収	58.67%	53.49%	50.24%	47.60%	42.55%
減収	34.24%	38.94%	41.02%	42.85%	42.73%
売上横ばい	7.09%	7.57%	8.74%	9.54%	14.71%
増益	48.96%	47.75%	46.26%	45.22%	41.75%
減益	42.99%	43.89%	44.04%	44.18%	41.69%
利益横ばい	8.06%	8.37%	9.70%	10.60%	16.56%
黒字	81.31%	81.72%	80.92%	80.03%	77.84%
赤字	17.90%	17.54%	18.18%	18.93%	20.54%
前期黒字	80.83%	81.52%	81.03%	80.39%	78.47%
前期赤字	18.42%	17.73%	18.07%	18.61%	19.97%
連続黒字	70.13%	71.01%	70.69%	70.04%	68.30%
連続赤字	7.39%	7.15%	7.95%	8.70%	10.53%

東京商工リサーチ調べ

ある食品卸会社のケースですが、創業社長が80代と高齢のため後継者問題からM&Aの相談がありました。この会社では1年前に40代の後継者候補を採用でき、創業社長も安心していましたが、その後継者候補の従業員が家庭の事情で退職し、後継者不在となってしまったとのことでした。

会社は、社長が定年退職後に取引先の勧めで創業され、社長が60代の頃には9億円の売上があり業容も順調に拡大していました。しかし、社長が高齢となり、体調も芳しくなくなるにつれて業績が悪化したとのことで、現在は売上が5億円となっていました。現在も実質無借金の会社ですが、営業拠点が地方のため採用が難しく、社長と従業員の高齢化とともに業績が低下したとのことです。

繰り返しますが、社長の年齢と会社の業績というのは不思議と連動するもののようで、社長の年齢が高くなればなるほど、経常利益の状況が悪化する傾向があるとのデータもあります。もちろんそうでない企業もありますが、事業を承継するにしても良い状態で引き継いでもらうほうが良いのではないでしょうか。また、手立てが遅れれば最悪のことも考えなくてはならなくなります。

準備に取り掛かる目安は「60歳」

M&Aを希望されて譲り渡しの価格を算定すると、経営者からあと半年早くM&Aを決意していれば全然違っていたなという言葉をよく聞きます。

「幸運の女神には前髪しかない」ということわざがありますが、M&Aは会社の業績が良いときにこそすべきで、前髪をつかめないとタイミングを逃してしまうことになります。

そうならないためにも、タイミングを逃さず決断し準備に取り掛かるべきです。

何度も繰り返しますが、健康上の問題、急激な業績の悪化があると事業承継の選択肢が限られてしまいます。

M&Aを望まれても、体調次第では交渉の途中で断念しなければならないことも想定されます。また、社内の役員に承継しようにも株式を譲る対策をしていないと金額的に無理なケースもあり、仕方なく相続人の奥様が後継社長になるということもあります。

このように健康上の問題が急に起きると、何らの選択肢もなくなります。創業社長が急逝し、仕方なく後継者となった奥様から「いつも周到なのに、どうしてきちんと考えておいてくれなかったのかしら」との嘆きを聞くことも少なくありません。

また、社長の体調不良が長引き、会社への出社も限られてくると社員や取引先が不安になり、後継者の問題どころではなくなることもあります。社長が考える後継者がいない、親族が承継することも難しいのであれば、社長が元気なうちに準備を始めるべきです。

このようなことに陥らないためにも、社長が元気で事業承継を準備する時間を十分にとれる年齢、おおむね60歳から事業承継の準備に取り掛かることが望ましいのです。

2. 廃業か、M&Aか

さて、事業承継を慎重に検討し、どうしても後継者がいないとなると事業承継の選択肢は、廃業をするか、もしくは第三者承継としてM&Aをするかになってきます。

廃業できれば良いのですが、負債が大きいとそうはいきません。そうなると、破産をするか、M&Aをするか、ということになります。中小企業の場合は、民事再生を申請してもなかなかスポンサーがつきません。このような赤字、債務超過でもM&Aができる可能性があることは第10章で取り上げます。

ここでは、「第三者承継支援総合パッケージ」でいわれている黒字の会社で、廃業が可能な会社の場合についてふれます。

廃業が可能な会社は、当然に廃業をするか、それとも第三者へ譲渡するかを選択肢として考えると思います。そこで、廃業とM&Aについて、M&Aをしたほうが得策となるケースもあることをわかっていただきたく53ページの図で比べてみます。

廃業とM&Aのメリット・デメリット

	廃業	M&A（株式譲渡）
会社の現預金	あり	なし（事業譲渡の場合は「あり」）
会社の資産（設備、不動産等）	時価で処分	なし（事業譲渡では「あり」の場合も）
賃借事務所、店舗、工場の原状回復	あり	なし
借入金、リース債務等の返済	あり	なし（事業譲渡では「あり」の場合も）
従業員の退職金	あり（会社都合のため）	なし（事業譲渡では「あり」の場合も）
M&Aによる譲渡代金	なし	あり

廃業であれば会社の現預金は残ります。会社の資産も処分し、その売却益は手元に残ります。所有する不動産には含み益があるかもしれませんし、逆に含み損があるかもしれません。

それから、廃業であれば、賃借している事務所、店舗、工場の原状回復費用も発生します。借入金やリース債務の返済も必要となります。

そして、従業員へは退職金を支払う必要があるかもしれません。退職金を会社で積み立てていたとしても、退職金制度と突合すると積み立てだけでは賄いきれない不足分が発生することもあります。廃業の場合は、当然のことですがM&Aのような譲渡代金は受け取れません。

M&Aの場合は、株式の譲渡であれば会社の現預金は手元に残りません。ただし、事業譲渡であれば会社の現預金は残ります。

会社の資産は、時価評価して譲り渡し、M&Aの場合は譲渡価格に反映します。会社ごと譲るので事務所、店舗などの原状回復の費用はかかりません。

それから、借入金やリース債務の返済は、基本的には買手が引き継ぎます。そして、従業員の退職金ですが、これも買手が引き継ぎます。

そして、M&Aでは譲渡代金を受け取れます。しかし、退職金の積み立て不足があれば譲渡代金に反映されることになります。

廃業とM&Aを比較すると譲渡代金の金額次第となりますが、しっかり比較すれば廃業よりもM&Aが得策の場合も多くあります。つまり、これからご紹介するケースのように廃業を決める前にM&Aにチャレンジしてみるべきです。

廃業よりもM&Aを選んだケース

こちらは廃業よりもM&Aを選んで成功した自動車整備会社のケースです。(55ページの図)

創業から家族経営の会社で社長と経理担当の奥さんは70歳を超えており、後継者は娘さんしかいませんでした。銀行からの借り入れもなく、業績も安定していることから何年も前から社員に声をかけて後継者を探しましたが、事業を責任者として承継したくないとのことで後継者がいない状態でし

●廃業とM&Aを比べて、M&Aを選択した後継者不在の会社のケースです。
●廃業した場合には、4,300万円の資金が手元に残ると想定されました。しかし、業績は安定しており、若い従業員もいることから、駄目元で廃業する前にM&Aにチャレンジ、結果的に買手が現れ、廃業よりも高い金額で譲渡することができました。

資産（簿価）		負債（簿価）	
現預金	48,000	買掛金	3,000
売掛金	8,800	未払い費用	3,000
在庫	900	借入金・リース	0
建物	9,000	負債合計	6,000
設備	3,000		
土地	0		
その他の資産	2,000	純資産	65,700
資産合計	71,700	負債・純資産合計	71,700

※記載数値の単位は千円です。

	簿価	現金化
現預金	48,000	48,000
売掛金	8,800	6,000
在庫	900	0
建物	9,000	0
設備	3,000	0
土地	0	0
その他の資産	2,000	1,000
資産合計	71,700	55,000

損益計算書	
売上高	130,000
売上原価	79,000
（減価償却）	
売上総利益	51,000
役員報酬	20,000
諸経費	25,000
（減価償却）	2,300
営業利益	3,700
EBITDA	6,000

資産（現金化）－負債	49,000
原状回復費用	−6,000
廃業に伴う手残見込み金額	43,000

M&A価格	80,000

※買手が評価した譲渡額

た。

当初、社長は、後継者もいないことから、もう自分一代で廃業しようと考えていたそうです。しかし、廃業するにも手間がかかることから、取りあえず廃業するとしたらどれくらいお金が残るのかということを試算されたそうです。

実際、原状回復の費用とか、その他の費用や仕入れ分を払わなければいけないとか、そういうことを考えると、資産としては残るのが４３００万円ぐらいになるとの試算でした。

それに比べてＭ＆Ａの場合はどうだろうということで、チャレンジをされたそうです。

買手が見つかって、譲渡価格としては８０００万円以上の価格がつきました。買手が事業の安定性と技術力を評価され、想定以上の金額となりました。この会社は、特装車メーカーの認定修理工場として地域で独占的な事業ができており、非常に業績も安定していました。そこを評価されて、コロナ禍でも純資産より高く買っていただくということができました。

廃業をせずにM&Aを決断したことでプラスがあったというケースです。

このように廃業を決断される前に、M&Aにチャレンジしてみるのも良いと思います。想像よりも良い果実を得られるかもしれません。

しかし、事業は営業赤字、もしくはトントンぐらいで純資産が著しく大きいという会社の場合、廃業とM&Aを比べた場合はどうでしょう。

M&Aの価格は、事業でどれだけのキャッシュフローを生み出せるかで決まることから、キャッシュフローを生み出せていない場合はM&Aの価格が低く評価される傾向があり、買手を見つけることも難しくなります。このように事業の利益が望めないのに純資産の金額で買収しても、投資額だけが大きくなり回収がままならないことになります。

ただし、純資産の価値の大半が不動産であれば、事業を廃業し、所有する不動産を会社ごと譲渡する不動産M&Aという方法もあります。

不動産M＆A

不動産M＆Aについて、全日本不動産協会のインターネットサイトから、税理士法人タクトコンサルティング代表社員税理士の玉越賢治氏の解説を引用してご紹介します。

「法人所有の不動産をその法人の株式売買によって売り主から買い主に移動させることです。法人の事業取得を目的として株式売買が行われる一般のM＆Aと異なり、買い主はあくまでその法人が所有している不動産の取得が目的ですから、「不動産M＆A」と呼ばれています。

法人の含み益のある不動産を譲渡する場合、譲渡益に対して法人税・住民税・事業税が課税されます。含み損のある不動産を所有していれば、それを先行して譲渡するか同一事業年度で譲渡損を実現させれば、譲渡損益が通算されて法人税等を軽減させることができます。また、譲渡益が計上される年度において、役員退職金の支払や固定資産除却損の計上など譲渡益に見合う損金を計上することができる場合も、同様に法人税等を軽減させることができます。

しかし、譲渡益が譲渡損を上回る、譲渡益に見合う損金の計上ができないような場合には、40％強の法人税等の負担を強いられます。

商業系の建物譲渡は、消費税も課税されます。さらにそれを株主の手元に還元したいときには株主配当するか株主が役員の場合に役員退職金を支払うことになりますが、いずれにしても最高税率50%の所得税等の負担を生じ、株主の手取り額は不動産売却額の3割前後にしかなりません。

不動産を譲渡してしまえばその法人は実態を失うようなケース、不動産譲渡に際して法人の事業廃業を予定しているケース、法人の事業を別会社に営業譲渡してその法人の資産を不動産だけにすることができるケース等においては、法人ごと不動産を譲渡（すなわち法人の株式譲渡）したほうがオーナーの手取り額が多くなります。法人税等の課税はなく、消費税も非課税です。株式の譲渡に対する所得税等は譲渡益は20%の申告分離課税で済むため、個人株主の手取り額は株式譲渡価額の80%にも上ります。したがって、個人株主にとっては、法人が所有不動産を譲渡してそれを株主に還元するよりも、その法人の株式を譲渡するほうが有利だということになります」

では、買い主にとってのメリットは何でしょうか。

「不動産M&Aは株式取得なので、不動産取得にかかる登録免許税・不動産取得税がかかりません。また、不動産売買契約書は印紙税の課税文書ですが、株式売買契約は非課税文書です。

不動産M&A後、株式の買い主はその買収対象会社の親会社となり、その買収対象会社は子会社株式として資産計上され、不動産は子会社所有の不動産ということになります。

この子会社所有の不動産を売却しようとすると、上記で説明したのと同様に子会社の不動産譲渡益として子会社において法人税等の課税を受けることになりますが、子会社を解散して不動産を譲渡すると、買い主法人(親会社)において、みなし配当と株式譲渡損が発生します。

みなし配当は、残余財産分配額のうち資本等の金額(資本金+資本積立金)を超える部分の金額のことで、子会社の利益積立金からなる部分の金額です。子会社の発行済み株式総数の25%以上を6カ月以上引き続き所有している株式等に対する配当は金額益金不算入となります。一方、子会社株式取得価額と子会社の資本等の金額との差額は、子会社株式整理損として損金になります。買い主のタックス・プランニング上考慮しておく必要があります。」

M&Aは、会社を売却するということだけではなく、事業だけを売却することも可能です。ですから、事業を譲渡することによって、お金をつくるということもできます。

先ほどのような会社で、純資産も大きいが、事業もそれなりに黒字で何とか回っているということであれば、事業を売却し、その後に資産を整理するというケースもあるかもしれません。

様々なケースに応じてM&Aスキームは考えられます。

その意味で、「将来、年を取ったらもう廃業でいいよ」ということではなく、廃業を考えるならばM&Aも選択肢に入れて検討してみてください。

第3章

税理士への期待と役割

1. 税理士と共に進めるM&A

この章では、中小M&Aにおいて重要な役割を期待される税理士に関して、税理士と共に進めるM&Aのメリット、税理士に期待されるM&A業務について取り上げます。

税理士は、63ページの図にあるように「もっとも身近で信頼される事業承継の相談相手」として多くの経営者から選ばれています。しかし、税理士に対しては、相続や事業承継に関する税務面での相談はできるが、M&Aについては専門ではないので対応してもらえないのではないか、場合によっては反対されるのではないか、というような先入観をお持ちの経営者もいます。

しかし、人口の減少による需要の減退などの影響で様々な国内の市場が横ばいから下降となり、その結果、毎年4万を超える会社が廃業するなど、中小企業を取り巻く環境は厳しくなってきており、政府も業界の再編、M&Aの促進へとかじを切り始めた時代の変わり目にあって、M&Aへの理解ある税理士は増えており、税理士の意識も変わり始めています。

外部の専門家の中でも、税理士は、事業承継についてもっとも相談しやすい相手です。

事業承継について相談しやすい相手（%）

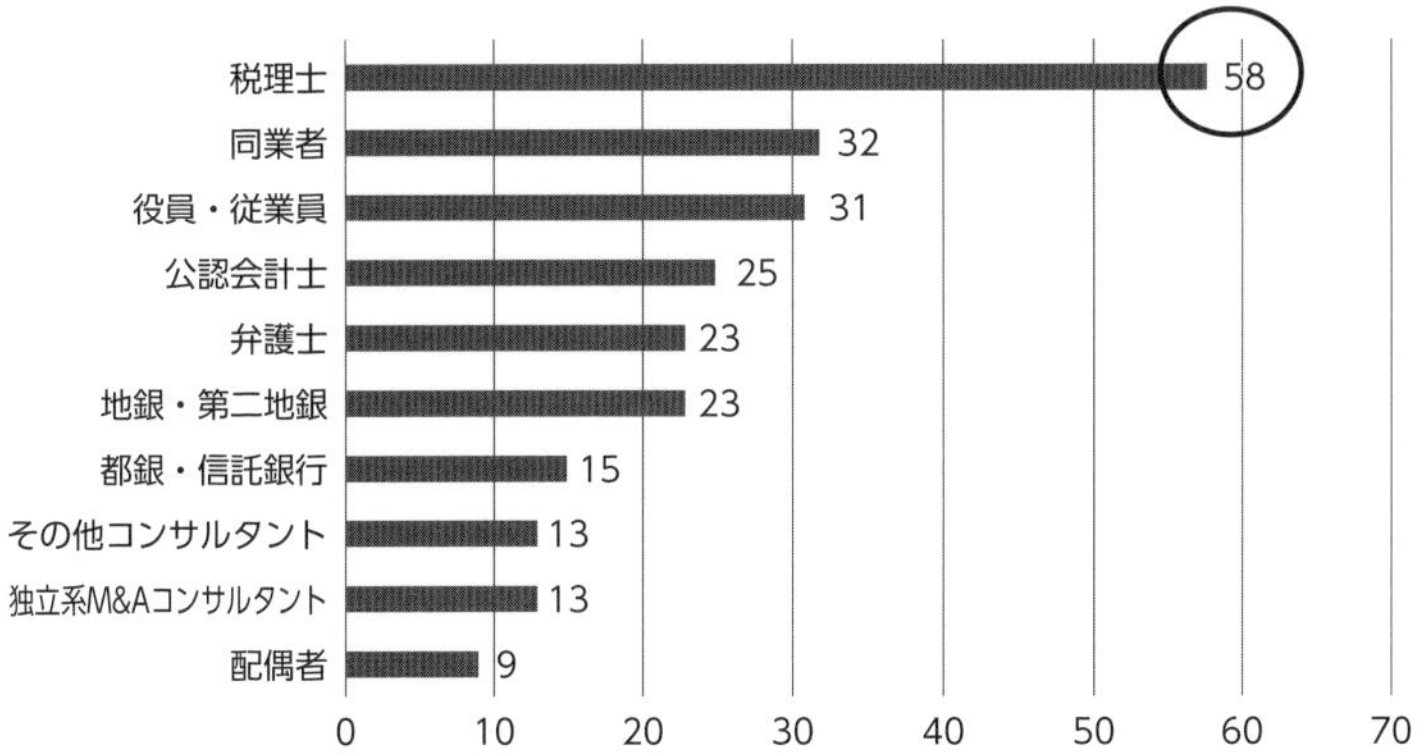

資料：三菱UFJリサーチ&コンサルティング（株）「「事業承継」「職業能力承継」アンケート調査」（2005年12月）
（注）1.「事業売却による承継も検討する」と回答した企業のみ集計している。
2. 複数回答のため合計は100を超える。（出所：2006年、中小企業白書）

税理士の関与先の多くが小規模企業者であり、その小規模企業者が中小M&Aの中心となることが予想される現在、会社のことをもっとも理解している税理士が中小M&Aの主要プレイヤーにならなければ、小規模企業者のスムーズなM&Aは望めないのです。

私たちは、これからの中小M&Aにとって、会社のことを本当に理解している税理士と当事者たる経営者、そして、私たちのようなM&Aの専門家がチームとして、三位一体となってM&Aに取り組み、潜在的なリスクを回避し、障壁を乗り越え、最良の相手との成約をめざすことが最適だと考えています。

税理士への期待

2020年3月に策定された「中小M&Aガイドライン」では、以下に記載のように税理士による中小M&Aへの関わり方について、積極的に支援することを期待しています。

「通常、デュー・ディリジェンス（DD）やバリュエーション（企業価値評価・事業価値評価）等の中小M&Aに関わる業務は、直接的にはこれら税理士の業務に含まれていないことから、中小M&Aに積極的に携わる税理士は限られ、税理士が顧問先のM&Aについて関与しきれていないケースもあるものと思われる。

他方、M&Aは事業の拡大または事業承継の選択肢として、昨今、中小企業の経営者にも広く認知され、税理士が顧問先等から相談されるケースも増えているものと思われる。

税理士は中小企業の経営者にとって身近な相談役であり、顧問として中小企業の実情を把握し、中小企業の税務・会計にも精通していること等から、顧問先に対して、税務・会計に関する支援に限らず、経営支援、金融支援といった多面的な支援を行い得る立場におり、中小M&Aにおいても積極的に支援することが期待される。」

税理士が中小M&Aに積極的に関わることで、深刻な後継者問題解決のための支援者になっていくものと考えます。

税理士は、事業承継の税務面だけではなく、事業承継をトータルに相談できる存在となっています。

私たちがお手伝いした案件のいくつかでは、M&Aが成約した後もこれまでの税理士との顧問契約が継続しています。M&Aに積極的に関わっている中で買手の信頼を得て、M&A後の売手と買手の統合を支援してくれる存在としても期待されています。

2．税理士と共に進めるM&Aの5つのメリット

なぜ、税理士とM＆Aを進めることが良いのか、なぜ、専門家だけでは駄目なのか、税理士と共に進めるM＆Aを行っている私たちは税理士と共に進めるメリットとして主に次の5つがあると考えています。

1．会社や事業のことをよく理解している
2．M&Aのスキームにおける事前の税金対策が立てられる
3．M&Aにおける事後の税務リスクを回避できる
4．買収監査をスムーズに進められる
5．様々な専門家とのネットワークを持っており、多様な問題に対応できる

1．会社や事業のことをよく理解している

税理士は、もっとも身近で信頼されている相談者です。税理士は、会社のこと、事業のこと、そして、オーナーのこと、オーナーの家族のこと、株主のことをよく理解しているからこそ、身近で信頼

のおける相談者になるのです。

何も知らない人に相談しても、事情を説明するだけで大変な時間を要することになります。また、家族や親族の事情が当事者に漏れてしまうことも考えられます。

係争になりそうな事案でこれまで相談したこともない弁護士に相談したとき、事実関係を整理するだけで相当の時間を要した経験はないでしょうか。

それから、会社を取り巻く人間関係もわかっており、M&Aのように会社を譲るような極めてデリケートなケースでは、人間関係の機微にも配慮した適切なアドバイスをもらえると思います。

税金対策ということもありますが、何よりも会社や経営者個人のことをよく理解しているからこそ、最初に相談すべきであり、M&Aの進捗《しんちょく》に応じて意見を求めるべきです。

2．M&Aのスキームにおける事前の税金対策が立てられる

税理士と一緒に進めることで、M&Aに伴い発生する税金についてしっかりとした想定を立てることができます。M&Aで会社や事業の譲渡スキームを立案すると、選択するスキームによって当然発生する税金が変わります。

選択するスキームと税金のことを正しく把握しておくことはM&Aにとって何よりも重要なことです。特に株式の取引において、株式の取得に合わせて役員退職金の支給を検討する場合です。買手に

とって、株式取得のために支払う金額の一部を役員退職金で支払うというスキームはよく用いられます。役員退職金のため保険による積み立てをしている中小企業が多く、役員退職金に関わる損金算入限度額の問題や源泉徴収などのアドバイスが必要となります。

また、会社所有の建物を株式譲渡と同時にオーナーが買い戻すというスキームのとき、その価格について税務上の通達に基づき算定する必要があり、最初から税理士にM＆Aの進捗に関わってもらっていたことでタイムリーに対応をお願いできたケースもありました。

税金のことを念頭に置かず、曖昧なままにしているとM＆Aが成約した後で大きな問題が発生することになります。例えば、売手が想定していた金額が手元に残らない、場合によっては税金と専門家への支払で赤字になってしまうというようなことです。そのため、事前にしっかりと税金対策を立て、慎重に手続きを進めていくことが必要になります。

そのためにも税理士には、M＆Aを決意したときから加わってもらうべきです。

3．M＆Aにおける事後の税務リスクを回避できる

M＆Aをした年の確定申告は通常よりも複雑となり、M＆A後は税務調査もあり得ます。M＆Aを行うことによって例年よりも多くの税金を支払う必要があるため、過度な対策をする会社がごくわずかながらもいるかもしれません。

しかし、正しい知識のもと税務リスクの回避を行わなければ、税金逃れと認定されてしまいペナルティとして追加の税金を支払わなければならなくなります。適切な税務対策を行うためにも、税金の専門家である税理士に最初から加わってもらうべきです。

4．買収監査をスムーズに進められる

M＆A交渉の途中、買収監査の段階で税理士に対応を依頼したら、税理士から協力が得られなかったため、買手からの質問に回答できず、買収監査が進まずにとうとう破断となった話を聞いたことがあります。税理士も突然の話で驚き、他の仕事もあり買手の要望する時間軸での対応ができなかったそうです。

最初から税理士の協力を取り付け、M＆Aの過程を税理士と共有しておけば、どのようなタイミングで買収監査が始まるのかも想定され、そのための十分な準備もでき、スムーズな対応が可能となります。税理士が積極的に買収監査に関わってくれると、買手側も、そして買収監査を受ける売手側も安心して進めることができ、それだけで売手側の評価も高まります。

そして、税理士と共に進めることで、退職金債務、未払い残業代などの財務、税務上の問題点を事前に把握することもできます。

5．様々な専門家とのネットワークを持っており、多様な問題に対応できる

税理士は、その地域の会社に関する情報を多く有し、様々な専門家とのネットワークもあります。

その知見とネットワークを活かすべきです。中小M&Aでは、長年の経営の中で置き去りにされている課題が残っていたりもします。

最近では、不動産の滅失登記が漏れていることが買収監査のときに発見され、急きょ、滅失登記を行うことになったケースもありました。

このような急な対応が求められるとき、地域に密着している税理士のネットワークが間違いなく役に立つはずです。

そして、何よりもM&Aに関する専門家を選ぶときも税理士の見識やネットワークが役立ちます。その意味でも税理士に最初から加わってもらうべきです。

3．税理士が担うM&A業務

中小M&Aにとって、税理士と共に進めることのメリットをご理解いただけたと思いますが、「中小M&Aガイドライン」では、中小M&Aにおいて税理士に依頼できる業務を次のように紹介しています。ただ、通常の業務もあり、顧問税理士の事務所の多くは対応できないと思います。

私たちは、中小M&Aにおいて税理士が担う業務の中でも、もっとも必要な業務は、M&Aが進んでいく中で、必要に応じて適切なセカンドオピニオンをオーナーに提供することだと考えています。税理士と共に進めるメリットでも述べましたが、税理士の専門性と様々な中小企業に接してきた知見は、オーナーが意思決定を迫られる場面でこそ活かされるべきです。

「中小M&Aガイドライン」に記載されている税理士の役割

「中小M&Aガイドライン」には、次のような税理士による支援のメニューが記載されています。少し長くなりますが、以下「中小M&Aガイドライン」から引用します。

(以下、引用)

税理士の主な支援内容として、

① 適正な税務申告書等の作成等

ア 助言義務

中小M&Aを進める中で対象企業の粉飾決算が明らかとなり、中小M&Aが困難となる場合がある。税理士は、顧問業務の中で期末在庫の操作や売上の水増し等、顧問先の不正会計等を確認した場合には適切な助言や指導をして、顧問先が法令の不知や税務行政に関する誤解等によって生じる損害を被ることのないようにすべき注意義務(善管注意義務)がある。

この点、税理士法第41条の3では、「税理士は、税理士業務を行うに当たって、委嘱者が不正に国税若しくは地方税の賦課若しくは徴収を免れている事実、不正に国税若しくは地方税の還付を受けている事実又は国税若しくは地方税の計算の基礎となるべき事実の全部若しくは一部を隠ぺいし、若しくは仮装している事実があることを知ったときは、直ちに、その是正をするよう助言しなければならない」とする助言義務を明記している。

なお、税理士が助言したにもかかわらず、委嘱者が助言に従わなかった場合は、助言義務違反には当たらないが、そのままその委嘱者について税理士業務を継続して行う場合には、不真正税務書類作成禁止違反等(同法第45条)に該当することになるおそれがあるため留意する必要がある。

イ コーポレート・ガバナンスの構築支援

中小企業においては、会社法で求められている株主名簿や株主総会・取締役会の議事録等の整備が不十分な場合が少なくない。

こういった点が整備され、コーポレート・ガバナンスが構築されていることにより、譲り受け側が円滑にM&Aを行えるとの判断に資することもあるため、税理士は顧問先に対し今後の中小M&Aに備えてその整備を支援することが望まれる。

ウ 株式・事業用資産等の整理・集約の支援

中小M&Aにおいては、名義株や所在不明株主の存在、役員社宅や役員貸付金、役員保険といった同族関係者と会社との取引、事業用資産の所有関係等、未計上の退職給付債務や未払残業代等の簿外債務等が問題となるケースが多く、顧問先にこのような問題がある場合には、予め弁護士等と連携し、整理をしておくことが望ましい。

② 中小M&Aに伴う経営者保証解除の円滑な実現に向けた支援

税理士は、中小M&Aに伴う経営者保証解除の円滑な実現に向け、「経営者保証に関するガイドライン」及び「経営者保証に関するガイドラインの特則」に即した対応について、必要に応じて助言することが望ましい。

③ 中小M&Aの課税関係等を踏まえた適切な助言及び提案

中小M&Aは、一般的に株式譲渡又は事業譲渡で行われるケースが多く、また、通常、代表者交代が行われるタイミングであることから、代表者への役員退職慰労金の支払と組み合わせて行うこともある。いずれの場合も各々にメリット・デメリットがあり、税理士は顧問先からM&Aについて相談を受けた場合には、これらメリット・デメリットを総合的に勘案し、適切な助言やスキームの提案等が期待される。

なお、中小M&Aにより株主である経営者個人に所得が生じた場合には、所得税・住民税のほか、（会社の社会保険に加入していないときは）国民健康保険料又は後期高齢者医療保険料にも影響があるため留意する必要がある。

また、一般的には、株式譲渡契約書等は印紙税の非課税文書であるが、当該株式譲渡契約書等に代金受領の記載がある場合には、課税文書に該当し、収入印紙の貼り付けが必要となるため留意する必要がある。

ア 株式譲渡

一般的に「株式譲渡」は、許認可等の再取得や登記手続等が不要で手続が簡便であること、株式取得後合併等をした場合において一定の要件を満たしたときは対象企業の欠損金を引き継ぐことができること等のメリットがある。

他方、デメリットとしては、未払残業代等の簿外債務や賠償義務、不要な余剰資産の引継ぎリスク等が生じ得る。

なお、株主である経営者個人の税金については、株式譲渡の場合、譲渡益に対する分離課税（税率20・315％）で課税関係が終了する。

イ 事業譲渡

「事業譲渡」は、取得する資産・負債の取捨選択により株式譲渡で挙げた簿外債務等のリスクを限定することができること、所在不明株主の存在や株式の分散等により株式譲渡の手法でM＆Aを行うことは困難でも株主総会特別決議の可決承認が可能な場合には有効な手段であること、資産調整勘定（のれん）が生じた場合には損金算入することができること等のメリットがある。

他方、デメリットとしては、資産等の個別の移転手続が必要となること、不動産を取得する場合には不動産取得税・登録免許税が生じること、また、許認可等についても原則、取り直す必要等が生じ得る。

また、事業譲渡の場合、減価償却資産等は消費税の課税売上に該当するため、課税事業者である場合には消費税等の課税関係についても留意が必要である。

なお、株主である経営者個人の税金については、事業譲渡の場合、譲渡対価は法人に帰属するため、益金に対し法人税等の課税が生じる。その後、株主である経営者に配当又は役員報酬等で還流をする場合には、総合課税（税率15・105％～55・945％）の対象となることから、分離課税となる役員退職慰労金の支給と併せて検討することもあり得る。

④中小企業等経営強化法における登録免許税・不動産取得税の特例、許認可承継の特例

中小企業等経営強化法の経営力向上計画（以下「認定計画」という。）の認定を受けた事業者は、認定計画実行のための支援措置（税制措置、金融支援、法的支援）を受けることができる。具体的には、税制措置として、認定計画に基づき取得した一定の設備に係る法人税等の特例、認定計画に基づき行った事業承継等に係る登録免許税・不動産取得税の特例があり、金融支援として、日本政策金融公庫の低利融資、民間金融機関の融資に対する信用保証協会による信用保証、債務保証等の資金調達に関する支援を受けることができる。

また、法的支援として、各種業法上の許認可の承継の特例、組合の発起人数に関する特例、事業譲渡の際の免責的債務引受に関する特例措置を受けることができる。

なお、中小企業等経営強化法における支援措置のうち、法人税等の特例及び登録免許税・不動産取得税の特例については適用期限があるため、留意されたい。

⑤税務ＤＤ

税務デュー・ディリジェンス（税務ＤＤ）とは、対象会社の企業価値に影響する潜在的な税務リスク（例えば、過去の申告内容の誤りによる追徴課税等）の把握等の観点から必要に応じて行うものであり、実行に当たっては、依頼者と協議の上、調査対象範囲・対象年度・手法を決定することとなる。

一般的に、税務ＤＤにおいて実施される調査手続は、以下のとおりである。

・対象会社の経営陣、顧問税理士等に対するインタビュー
・過去の税務申告書のレビュー
・過去の税務調査・税務訴訟等の把握
・過去の組織再編、資本取引等の税務処理の把握
・税務上の欠損金の使用可能性、各種税制の適用状況の把握等

顧問税理士は、顧問先が対象となる法務・財務・税務等のデュー・ディリジェンス（ＤＤ）については、必要となる資料の提供、過去の会計処理や税務処理に対するインタビュー等について積極的に協力することが望ましい。

⑥バリュエーション（企業価値評価・事業価値評価）

バリュエーション（企業価値評価・事業価値評価）の方法は、大きくコストアプローチ（ネットア

セットアプローチ）（時価純資産法等）、マーケットアプローチ（類似会社比較法（マルチプル法）等）、インカムアプローチ（DCF法等）に分類されるが、中小M&Aの場合、時価純資産法で算定されるケースが多い。「相続税財産評価に関する基本通達（財産評価基本通達）」による取引相場のない株式の評価（純資産価額方式）は、時価純資産法に類似しており、税理士の業務知識でも対応可能であると考えられる。このため、税理士は、顧問先から譲渡対価の価額の妥当性について相談を受けた場合には、適切な助言等をすることが期待される。

しかしながら、企業価値評価・事業価値評価については前述のとおり様々な方法があり、判断が困難な場合も想定されることから、この場合には、M&Aを専門とする公認会計士等の専門家や公的機関と連携することが必要である。

⑦マッチングサイト等の活用

税理士が仲介者又はFAとして主導する中小M&Aにおいては、民間のM&Aプラットフォーマーが運用しているM&Aプラットフォームや日本税理士会連合会が運用している顧問税理士が関与先企業の窓口となって引継ぎ先を探すためのマッチングサイト「担い手探しナビ」（参考資料10「日本税理士会連合会『担い手探しナビ』」参照）等を積極的に活用することも期待される。

⑧ 債務超過企業に対する中小M&A支援

事業の価値は最終的には譲り受け側の評価により決まるものであり、一概に債務超過だからといって廃業しか選択肢がないとは限らない。また、簿価純資産上は債務超過でも時価純資産（修正簿価純資産）上は資産超過となる場合もある。顧問税理士は、債務超過の顧問先から廃業の相談等を受けた場合には、中小M&Aの可能性についても検討することが期待される。

この際、譲り受け側に事業の価値を見出してもらうためには、譲り受け側に対する譲り渡し側の事業についての詳細な情報開示が必要であり、顧問税理士は積極的に協力する必要がある。

また、債務整理手続を要する場合には、債権者との間で債務減免等の交渉が必要となる場合があり、この場合には中小企業再生支援協議会や事業再生を専門とする弁護士等の専門家と連携することも重要である。なお、債務超過企業においては、経営者保証に係る保証債務の整理が問題となる場合もある。税理士は「経営者保証に関するガイドライン」に即した対応について、助言することが望ましい。（引用終了）

以上が「中小M&Aガイドライン」からの引用ですが、このようにガイドラインには記載されており、税理士には、M&Aにおいて多くの役割が期待されています。しかし、税理士も日常の業務をこなしながらM&Aの業務を果たすことについては限界もあると思います。

「中小M&Aガイドライン」ではあまり詳しく取り上げられていませんが、私たちがもっとも期待している役割は、税務対策、財務デューデリジェンス、バリエーションなどのサービスよりも、M&Aを進める中で経営者の意思決定を支援するセカンドオピニオン提供者としての役割だと考えています。

私たち日税経営情報センターの案件では、M&Aを進める中で、税理士が必要に応じて経営者の意思決定をサポートしています。ですから中小M&Aで起こりがちな人間関係のトラブルや税金の問題が未然に防げ、小規模企業者でもスムーズに進んでいます。

セカンドオピニオン

中小M&Aにおいて税理士にもっとも期待されることは、繰り返しますがセカンドオピニオンです。M&Aが進む中にあって、本当にこれで良いのだろうか、と悩んだり、考えたりすることは必ずあります。そのようなとき、案件の進捗を客観的な立場から見ている、しかも会社のことを理解している顧問税理士から率直な意見をもらえるのは、経営者にとって大きな安心ではないでしょうか。

セカンドオピニオンとは、より良い決断をするために、当事者以外の専門的な知識を持った第三者に求める「意見」、または「意見を求める行為」のことで、医療の世界で提唱され定着してきています。

売手の経営者にとってM&Aは、ほとんどが一生に一度の体験です。そもそもM&Aの知識もなく、初めての経験であり、何もわからないまま話が進んでいるという不安に襲われる方が大半です。中小M&Aの現場では、仲介者から不合理に過大な報酬を要求されたり、M&A支援のために必要な専門知識が不足していてスキームや最終契約でトラブルになるケースも見受けられ、そのことが悪い噂として経営者の耳に入り、疑心暗鬼になっていることもあります。

最近も、買手と合意した譲渡金額とは違う金額が記載された最終契約書が、銀行提出用として送られてきて、どうすれば良いのか判断がつきかねている売手がいました。困った売手が顧問税理士に相談し、顧問税理士からの紹介でお手伝いしました。

結果として銀行提出用の最終契約書は破棄してもらいましたが、M&Aのための資金調達額を超えた金額、すなわち別の資金使途分も含めた銀行借り入れをしようと、そのためにM&Aを利用しようとしていたのだとすれば問題です。売手も困りますし、そのような買手へ譲渡しても従業員が不幸になると考え、案件を中断するよう助言しました。

顧問税理士に相談したからよかったのですが、一歩遅れれば大きなトラブルとなっていたかもしれません。M&AにはLBO（Leveraged Buyout）という売手の資産を担保として買収のための資金調達をする手法もありますが、中小M&Aではあまりお勧めできる手法ではありません。

ここまで税理士への期待という視点から、税理士と共に進めるM&Aのメリットと税理士の役割について見てきました。M&Aを決意したら、なぜ、顧問税理士にまず相談すべきかおわかりいただけたでしょうか。

中小M&Aの中でも、これから増えると予測される小規模企業者のM&Aにおいては、会社のことをよく理解している税理士と共に進めるM&Aがもっとも適しています。

税理士が味方につけば、中小M&Aにおいて障壁となる財務面、税務面での対応がスムーズに進みます。それは、買手にとっても有益であり、M&Aの成約までの時間の短縮に繋がります。

第4章

M&Aアドバイザーの選択基準

1. M&Aにとってアドバイザーは本当に必要ですか

ここまで中小M&A市場の状況、事業承継における廃業とM&Aの選択基準、そして、税理士と共に進めることのメリットについて説明してきましたが、ここでは、中小M&Aの現場に登場する専門家として、M&Aアドバイザーの必要性と仕事、そして、選択の基準について取り上げます。

M&Aを行うことを決意して顧問の税理士に相談されたら、専門家に頼むべきか、自分たちで進めるか、という話になると思います。そこで、専門家を頼むほどのことではないという方もいると思いますが、税理士も通常の業務を行いながら時間的な制約のあるM&Aに取り組むことは難しいのが現実だと思います。

そうなると、アドバイザーという専門家へ依頼することになります。ここでは、アドバイザーが本当に必要なのか、このことについて考えてみます。

M&Aアドバイザーとファイナンシャルアドバイザー（FA）は同意語

M&Aアドバイザーの必要性について述べる前に、「中小M&Aガイドライン」で使われているファイナンシャルアドバイザーという言葉とM&Aアドバイザーという言葉について整理しておきます。

かつてM&Aアドバイザーは、法律、財務などの専門性で呼ばれ、M&Aの財務に関する専門家の人たちをファイナンシャルアドバイザーと呼んでいました。しかし、現在ではM&Aアドバイザーの中に占めるファイナンシャルアドバイザーの割合がとても多いため区別なく呼ばれるようになったようです。現在のファイナンシャルアドバイザーは、M&Aアドバイザーと同意語として使われています。

相反する交渉における期待値の調整

経営者にとってアドバイザーが必要となるもっとも大きな理由は、M&Aの取引が常に当事者の利害が相反する交渉であり、規模の大小を問わず、当事者同士では限界のある双方の期待値を調整しなければまとまらない取引だからです。

例えばM&A価格というのは売手と買手が合意しないと決まりません。しかし、当事者同士が面と向かって交渉して「いや、うちの会社はもっと高いだろう」「いやこの業績ではもっと安いだろう」

など双方の主張が対立するような交渉となってしまうケースも考えられます。

片方が折れて合意しても、成約後も「本当にこの価格でよかったのか」「この条件で本当に買ってよかったのか」という不安が残ります。このような場面では、当事者が納得できる客観的な説明が必要となり、第三者が調整しないと破断となります。

このような意味で、相反する交渉において客観的な説明による期待値の調整が必要になります。経営者にとってアドバイザーが必要となるもっとも大きな理由としては、M&A取引が常に当事者の利害が相反する交渉であり、規模の大小を問わず、当事者同士では限界のある双方の期待値を調整しなければまとまらない取引だということがあげられます。

これは仲介であろうが、アドバイザーであろうが、求められることです。

そのために、客観的な説明と説得が可能となる専門知識やスキルを持っていることが不可欠となります。アドバイザーを選ぶときには、この専門性をきちんとチェックすべきです。

効率的なマッチング

M&Aにおいて求められる成果は、最善の相手とのマッチングです。売手であれ、買手であれ、自身で買手・売手候補を探すのは時間的、労力的にも非常に厳しいものがあります。この最善の相手を見つけるという果実を効率的に得るためアドバイザーが必要となります。

このマッチングを成功させるためには、業界に関する知識、買手候補を想定できる力が不可欠です。アドバイザーを選ぶときには、業界に知見があり、買手候補をイメージすることができるアドバイザーを選ぶべきです。

プロジェクトマネジメント

アドバイザーには、会社や事業に関わる知識だけではなく、財務、法務など多岐にわたる総合的な知識と対応力が必要となることは前述しました。それに加えて、M＆Aというプロジェクトの進捗を管理し、合意を形成していくマネジメント力が求められます。

当事者同士の期待値の調整ができても、なかなか交渉が進んでいかないのでは成約はおぼつかないでしょう。繰り返しになりますが、M＆Aには様々な利害関係者がいます。その利害関係者の合意形成ができなくては成約までは到達できません。

社長やオーナーには、株主への説明、社内での説明、取引先への説明など多くの場面でアドバイスをし、交渉をフォローすることが求められます。アドバイザーを選ぶときには、プロジェクトマネジメントの経験とスキルを見て選ぶべきです。

仲介者とアドバイザーの違い

中小M&Aに携わる専門家として、仲介者とアドバイザーがいることは既に説明したとおりです。専門家への依頼を考えるときにどのように判断すべきか、ここでは仲介者とアドバイザーの違いについて見ておきます。

本書では、M&A専門業者の中で仲介者の立ち位置をとる会社を仲介会社、アドバイザーの立ち位置をとる会社をアドバイザリー会社としています。そして、仲介会社とアドバイザリー会社は、似ているようで立場はまったく異なります。

アドバイザーは、売却を希望する会社か買収を希望する会社、いずれかにつきます。売手のアドバイザーは売手の意向に沿って交渉を行いますし、買手のアドバイザーは買手の立場で交渉に臨みます。そして、互いの条件がまとまればM&Aが成立します。

買手がM&Aに慣れている会社の場合には、アドバイザーを介さずに売手のアドバイザーと直接交渉をすることもあります。

一方で仲介者は、売却を希望する会社と買収を希望する会社の間に立って、双方の希望を聞きながら交渉を進めます。M&Aでは、売手は「できるだけ高く売りたい」と考えるのが一般的ですし、買手は「できるだけ安く買いたい」と考えることから、売手にとっても買手にとっても、仲介という立場で自分たちの意向を十分に反映した交渉ができるのかと心配になるでしょう。

そのため仲介者となった場合は、どちらか一方の利益を追求するのではなく、双方の意向を踏まえながら合意を探るという、あくまでも中立的な立場で行動することが求められます。

仲介による利益の追求とは、必ずしも高く売ること、安く買うことではなく、何よりも双方の信頼関係を壊さないよう、それでいて双方が納得する交渉を行いM＆Aを成立させることです。

仲介者とアドバイザーのその他の違いとしては、仲介者は必ずマッチングを行いますが、アドバイザーの中にはすでに買手が決まった後で指名を受けることもあり、必ずしもマッチングありきではなくM＆Aの交渉、契約などの手続きだけをお手伝いすることがあります。

M＆Aをする場合に、仲介者に依頼すべきか、それともアドバイザーに依頼したほうが良いかということが議論となりますが、これはどちらがいいか一概には言えないところです。

仲介者は、売手と買手の双方の要望を把握し、それぞれの利益のバランスも考えながら、双方の利益の最大化を探る交渉をすることから、売手にM＆Aの知識が不足し、買手がM＆Aに慣れていない中小企業同士の場合は、仲介でないと、まとまるものもまとまらないケースがあります。

しかし、「中小M&Aガイドライン」においても懸念されていますが、職業倫理に劣る仲介者の中には、買手にばかり配慮したり、買手にリスクを隠して話を進めトラブルになることがあります。

一方、アドバイザーの場合は、売手と買手がそれぞれ別々のアドバイザーをつけることで潜在的なリスクが明確になり、双方が助かったということもあります。しかし、同時に対立点も明確となり、売手と買手の双方が、アドバイザーを介して対立し交渉がまとまらないケースもあります。

私たちは、アドバイザーとして、売手の「できるだけ高く売りたい」との意向を実現するため、基本合意で価格をはじめとした諸条件が固まるまでは、買手が希望しても仲介の立場にはならないという考えを原則としています。

ただし、基本合意書の締結後に行われる買収監査や最終契約においては、双方が協力して進めなければスムーズに進まないこともあり、売手が納得し買手が希望すれば仲介となることもあります。仲介をするケースとしては、買手が中小企業である場合が多く、上場会社が買手の場合はほとんどのケースで売手側のアドバイザーとしてのみお手伝いしています。

仲介者を選ぶか、アドバイザーを選ぶかは、顧問税理士と経営者の判断となりますが、中小企業同士の場合は、双方がＭ＆Ａに慣れていないことで起きるリスクを未然に防ぐためにも仲介が望ましいこともあります。

中小Ｍ＆Ａは、最初は売手主導ですが、基本的な条件が固まり買収監査の段階に移ると買手主導へと変わります。そこで、売手としては主導権を握らなければならない基本合意の段階までは売手側として売手の利益の最大化に取り組んでくれる、そのようなスタンスの専門家を選ぶことが良いと思います。

2. M&Aアドバイザーの仕事

多才な能力と知識を必要とするM&Aアドバイザー

アドバイザーには、「財務・会計・税務・法律のるつぼ」ともいわれるくらい幅広い業務に関する能力や知識が求められます。加えて、アドバイザーになるには、財務・会計・税務・法律について知るだけでなく、それらを包含する経営ということについて理解していることも必要です。

また、交渉や会社の利害関係者との協議などをまとめていくコミュニケーション能力、対人関係をこなせる人間力も求められます。さらに大きな金額が動くことから、高い倫理性を備えていなければなりません。

ここでは、このようなアドバイザーの主な仕事について説明します。

アドバイザーの仕事は、直訳するとM＆Aに関わる助言業務ですが、契約上では次のような様々な業務が記載されます。

一般的な売手側のアドバイザリー業務委託契約に記載される業務

（1）相手企業の候補先の調査・選定
（2）相手企業の候補先から相手企業の発見及び甲に対する紹介
（3）対象企業の企業価値または株式価値の評価及びかかる評価の支援
（4）対象企業の営業及び財務その他の内容の分析、相手企業への提示方法の検討及びこれらに関する支援
（5）基本スキームの立案及びその手続き、交渉の日程の作成ならびにこれらの提案
（6）甲と相手企業、相手企業の候補先、これらの株主もしくは関係会社またはその他の者（以下「相手企業等」という。）との間の交渉の仲介、調整及び支援
（7）基本合意書、最終契約書等の本件に関連する諸契約書、ならびに定款、会社法その他の適用法令により作成が必要とされる書類の内容確定及び作成の支援
（8）金融商品取引所、日本証券業協会、公正取引委員会等の関係諸機関及びその他の関係諸官公庁に対する手続きならびに必要書類の作成の支援
（9）買収監査（デューデリジェンス）の調整及び支援
（10）対外公表に関する助言
（11）最終契約書等に基づく資本取引等（クロージング）に関する支援

（12）弁護士、公認会計士、税理士、不動産鑑定士等の専門家（以下「専門家」という。）の選任に関する助言ならびに甲のために行う専門家への情報提供、指示及び事務連絡
（13）甲と乙との間で随時合意する上記に付随するサービス

ここでは、アドバイザーの主な業務となる5つの業務について詳しく取り上げます。

1．M＆Aスキームの立案と手続きに関する支援
2．企業価値評価の算定に関する支援
3．マッチングの支援
4．交渉に関する支援
5．契約書に関する支援

1．M＆Aスキームの立案と手続きに関する支援

アドバイザーは、M＆Aを行う際に最初に取り掛かるのが、売手もしくは買手にとって最適なスキーム立案の支援になります。M＆Aスキームは売手と買手の状況によって、株式譲渡で行うのか、事業譲渡で行うのか、それとも会社分割を交えて行うのか、そのときの税務リスクなども考慮して立

案する必要があります。

それぞれの会社の状況に応じて工夫する必要のあるM&Aスキームの立案とその手続きには、アドバイザーの豊富な知見が役立つと考えます。

2. 企業価値評価の算定に関する支援

アドバイザーは、M&Aを行う際の検討の元になる企業価値評価、つまりM&A価格の算定を支援します。M&Aを考え始めたときは、決算書などの限定された開示資料に基づいて予備的株式価値評価による簡便的な評価を行い、本格的にM&Aを行う際には、M&Aスキームや追加開示資料、セカンダリー情報に基づいて改めて株式価値評価を算定します。

この企業価値評価の算定については、日本公認会計士協会による「企業価値評価ガイドライン」という指針があり、それに基づいて行われることから、その知見のあるアドバイザーに依頼すべきです。

3. マッチングの支援

アドバイザーは、M&Aを行う際の買手の探索を行います。一般的にアドバイザーは自社に蓄積されている買手候補のリストを基に探索します。

しかし場合によっては、アドバイザー自身が持っている独自のネットワークを基に顧客のニーズに合う会社を探索することがあります。中小M&Aにおいては、業界に知見があり、独自のネットワークを持っているアドバイザーに依頼できればマッチングの確率は高まり、成約までの時間も短縮されます。

4．交渉に関する支援

アドバイザーは、M&Aを行う際に売手と買手の交渉を支援します。M&A交渉は売手と買手の様々な思惑が交差する場面でもあり、それなりの経験が必要になります。

一生に一度しか経験しない経営者がM&Aの交渉を行うと、思わぬリスクを抱え失敗をする可能性もあり、場合によっては大きな損害を被ることになります。そのため、M&Aに関しての知識と経験を持つアドバイザーにM&A交渉における支援を依頼するのが一般的です。

ここで気を付けていただきたいのがアドバイザーを代理として見てしまうことです。アドバイザーは交渉の矢面にも立ちますが、決して売手や買手の代理ではなく、意思決定は行いません。あくまで助言を通じて売手や買手の意思決定を支援する立場であるということです。

5．契約書に関する支援

アドバイザーはM&Aを行う際の各種契約書のひな形の作成、内容のチェックも行います。例えば、売手側のアドバイザーとなった場合は、買手側から提示される契約書（M&Aにおいては買手側が契約書を作成するケースが多い）の内容に関して、交渉により合意してきた条件がきちんと織り込まれているか、契約書の文言に売手にとっての不都合がないか、想定されないリスクを背負わないかなどをチェックし必要な修正を支援します。

M&Aアドバイザーの報酬体系

M&Aの専門家を選ぶときにもっとも重視されるのが報酬ではないでしょうか。ここでは、専門家に依頼する場合の報酬とその留意点について触れておきます。

報酬については、ほとんどのM&A会社がホームページ等で公表していますが、中小M&Aの場合は取引の規模が小さいこともあり、案件ごとに報酬を交渉する会社、最低成功報酬を要求する会社などもあります。公表されている報酬体系を一瞥《いちべつ》するとどれも同じように見えると思います。しかし、実際にはそれぞれの会社ごとに報酬体系は異なっており、最終的に支払う報酬金額には大きな違いがあります。

報酬体系を比較する上で確認すべきポイントとしては、着手金の有無、リテイナーフィー（月額報

●M&A会社の報酬は、着手金、リテイナーフィー（月額報酬）、成功報酬で構成され、多くの仲介会社が成約時の報酬について最低保証金額を設定しています。
●この成約時の最低保証金額が小規模企業者にとってM&Aを決意する障壁となっています。

	A社	B社	C社
着手金	100万～300万円	0円	100万円
月額報酬	100万円／月	0円	0円
成功報酬の計算方法	移動総資産（＝M&A取引価格と移動する負債の合計）ベース × レーマンテーブル	「M&A取引価格」ベース × レーマンテーブル	移動総資産（＝M&A取引価格と移動する負債の合計）ベース × レーマンテーブル
※最低保証金額（各社非公表）	2,000万円	2,500万円	1,000万円

酬）の有無、中間金の有無、成功報酬の計算方法ということになります。

M&Aの報酬は、どの仕事でもそうでしょうが、業務にかかる時間と労力で想定されています。そのため、案件に関わる時間と労力をどのように回収するか、そして、どの程度の案件の規模を扱うかを考えてそれぞれの会社の基準で報酬は考えられています。

例えば、上記の図のように、着手金、基本合意書の締結後に中間金、それに成功報酬という会社もあれば、着手金なし、リテイナーフィーあり、価格等の基本的な条件が固まり合意したところで中間金、それに成功報酬という会社もあります。そして、着手金なし、中間金なし、成功報酬のみという会社もあります。

レーマンテーブルは、仲介会社やアドバイザリー会社において一般的に使われているM&A取引における成功報酬の体系であり、取引金額（移動した資産の価格など）に応じて報酬料率が逓減する仕組みになっています。

資産・株式等の譲渡金額	成功報酬料率
5億円以下の部分について	5.0%
5億円超10億円以下の部分について	4.0%
10億円超50億円以下の部分について	3.0%
50億円超100億円以下の部分について	2.0%
100億円超の部分について	1.0%

〈計算例：取引金額が12億円の場合〉
①5億円（～5億円部分）× 5% ＝ 2,500万円
②5億円（5億円～10億円部分）× 4% ＝ 2,000万円
③2億円（10億円～12億円部分）× 3% ＝ 600万円
上記①～③の合計5,100万円（＝2,500万円＋2,000万円＋600万円）

また、案件の規模をある程度限定するために、成功報酬の金額に最低保証を付けて、どのような取引金額で成約しようが、最低保証の金額は確保する会社もあります。成功報酬に最低保証があると、取引金額次第では、譲渡対価よりもM&Aアドバイザーの報酬が高くなってしまうことも考えられます。

このようにアドバイザーの報酬体系は、それぞれの仲介会社、アドバイザリー会社の考え方によってまちまちとなっています。売手であれば、希望譲渡価格と仲介会社、アドバイザリー会社の報酬体系をよく比較検討して選ぶことが大事です。

資金的に余裕のある会社は別ですが、独立系

の小さな仲介会社になると着手金やリテイナーフィーがなくては買手探しなどの実働をすることは難しいと思われます。成功報酬のみで動くには、それなりの資金が手元にないと動けないというのが実感です。成功報酬のみで仲介者と契約したが、いつまでも成約しないケースもあります。

レーマンテーブル

ここからは一般的に用いられる成功報酬の計算方法であるレーマンテーブルについて触れておきます。ほとんどのM&A会社がこの方式を成功報酬の算出に用いています。（101ページの図）

例えば5億円以下の部分について5％と書いてありますが、計算例では取引金額が12億の場合を考えてみます。

5億円までの部分で2500万円、5億円を超える部分で4％、2000万円、10億から12億円の部分で3％、600万円ということで、その合計で12億円の取引の場合成功報酬は5100万円になります。レーマンテーブルとは、このような計算になっています。

売上1億円以下の小規模企業者のみを扱っている仲介会社では、このテーブルの金額をより細かくし、5000万円以下は10％、そこから500万円ごとに料率を変えるようなテーブルを提示しているところもあります。また、売上1億円以上の場合の成功報酬はレーマンテーブルとし、売上1億円以下の場合の手数料については相談させていただきます、というような会社もあります。

完全成功報酬のみという会社も中にはありますが、双方にとってリスクがないため、どのような会社でも受けるが、売れる会社とそうでない会社を分けて、売れそうな会社に集中し、売れない会社は後回しになるというインセンティブが働く懸念があります。売れない会社は、売手からのクレームもないまま在庫となりますが、M&Aのタイミングを逃してしまうことにも繋がります。

取引金額の定義

この例では取引金額という曖昧な表現で仮定してレーマンテーブルの試算を行いましたが、この取引金額の定義も報酬体系を比較する上では重要になります。つまり、どのような取引金額の基準にレーマンテーブルを適用するのか、ということです。

「中小M&Aガイドライン」では、株式譲渡や事業譲渡における譲り渡した（譲り受けた）金額そのものを取引金額としたもの、主に譲り渡した（譲り受けた）金額に移動する負債額を加えた、いわゆる移動総資産額を取引金額としたもの、それに、資産と負債の差額である純資産額を取引金額とした3つの基準を紹介しています。

これも仲介会社やアドバイザリー会社でまちまちとなっており、取引金額の定義次第では報酬の金額が大きく変わります。仲介会社やアドバイザリー会社を選ぶ上で、必ず確認をしておくべきです。

●譲渡額をベースとした考え方

譲り渡した（譲り受けた）金額そのものを基準としたものです。株式譲渡額が1億円であれば、取引金額は1億円となります。

●移動総資産をベースとした考え方

主に譲渡額に負債額を加えた、いわゆる「移動総資産額」を基準としたもので、株式譲渡額が1億円、移動する借入金が5000万円あった場合、1億5000万円が取引金額となります。

●純資産額をベースとした考え方

資産と負債の差額を基準とし、移動する純資産の金額を取引金額とするもので、純資産が8000万円であれば、取引金額は8000万円となります。

報酬については、よくトラブルになる部分です。私たちがセカンドオピニオンを提供した案件では、仲介者との契約書では報酬条項に取引金額の定義なく、最終契約書締結の段階で売手とトラブルとなったケースもありました。また、移動総資産をベースとした方法では引き継がれる負債部分にも料率がかかってしまうので、会社を売却した後の株主の手取り金額の大部分が報酬になってしまうことも少なくありません。このようなことにならないよう十分に比較検討して選んでください。

この章の終わりにアドバイザリー会社や仲介会社との契約の中での留意点を述べておきます。「中小M&Aガイドライン」にも取り上げられていますが、アドバイザリー会社や仲介会社との業務委託契約の多くが専任となっており、次のようなテール条項によって契約期間の終了後も縛られることを理解しておいてください。

テール条項

テール条項の説明の前に条文の例を紹介します。

「終了事由のいかんを問わず本契約の終了後●年以内に売り主が本件にかかる取引を成約した場合で、当該取引の相手方のいずれかまたはその関係会社等が、本契約の有効期間中の相手企業、もしくは候補先のいずれかであったときには、本契約の終了にかかわらず、売り主は専門家に対し、当該取引に関し本条第●項第●号に定める成功報酬の計算方法に基づき算出した報酬相当額を支払うものとする。」

このようにアドバイザーとの業務委託契約では、専門家との契約期間が終了しても、契約期間中に両者面談したり、打診したりした買手先と契約期間終了後にＭ＆Ａが成約した場合は、専門家に取り決めた成功報酬を支払うということが規定されます。

アドバイザーとしても、苦労して買手候補を選定したのに、契約期間も終了し、自分たちで成約まで至ったので報酬を払いませんとされたのでは仕事にならないとのことで規定されるものです。

私たちの場合は、このテール条項については1年としています。

このようにＭ＆Ａ会社、仲介者、Ｍ＆Ａアドバイザーを選ぶときは、その会社、仲介者、アドバイザーのスキル、業界への知見、独自のネットワークの有無、報酬体系などをよく吟味し、自分なりの基準で、自分に合う専門家を選ぶことが大事になります。

第5章

経営の見える化と磨き上げ

1. 経営の見える化と磨き上げ

この章では、事業承継の必要性を認識したときから取り組むべき事前準備、「経営の見える化と磨き上げ」について取り上げます。（109ページの図）

事業承継は一朝一夕にはできません。周到な準備を間断なく続けてこそ、事業承継、そしてM＆Aを成功に導くことができるのです。

親族内、社内での承継でも、第三者への承継となるM＆Aでも、事業承継を成功裏に終わらせるために経営の見える化と磨き上げはやっておくべきことです。

そして、この経営の見える化と磨き上げを効率的に進めるためにも会社のことをよく理解している税理士と共に進めることが、もっとも望ましいかたちになります。

経営の見える化とは、事業、資産、財務の内容を点検し把握することです。一般的には、事業をこれからも維持・成長させていくために、利益を確保できる仕組みになっているか、商品やサービスの

「経営の見える化」8つの着眼点

- 意思決定（意思決定の実態と記録）
- 組織（職務分担と組織図）
- 法務（株式、諸規定、許認可、取引先、資産）
- 財務（正常収益力、実態純資産、管理会計、資金繰り）
- 労務（働き方の実態）
- 人材（社員のスキルと職務履歴）
- 業務プロセス（経理、製造のパイプライン管理）
- 事業の強みと可能性を把握する

「磨き上げ」3つの取り組み

- 内部統制と管理の改善
- 会社の強みを作り、弱みを改善
- 経営資源の絞り込みと整理

内容は他社と比べて競争力を持っているかなどを確認します。

磨き上げとは、一般的には、企業価値の高い魅力的な会社とすることです。一つは、他社に負けない「強み」を持った会社にすること、もう一つは、業務の流れに無駄がない、効率的な組織体制を持った会社にすることです。

経営の見える化とは

経営の見える化とは、経営の現状と課題を把握すること、経営の状況や経営の課題、経営資源等を正確に把握し、第三者に対しても説明できるようにしておくことです。

具体的には、内部状況の把握として、意思決定、組織と役割分担、法務、財務、労務、人材、業務プロセス、そして、内部と外部から見た自社の事業という8つの視点から整理し、それぞれの現状と問題点を把握します。

①意思決定の状況を把握する

意思決定では、会社の意思決定が誰によって、どのように行われているのか、その実態を取締役会や株主総会議事録として可視化します。中小企業の場合、社長と現場の意思決定が乖離《かいり》していることがあり、実は社長が現場に口を出せないということもあります。

社長が資金繰りだけを担当し、事業の運営は現場責任者が仕切っているような会社です。このような会社では、意思決定が二重構造となっておりM&Aを行うことは難しくなります。

②組織と役割分担の状況を把握する

組織図に従って仕事の役割がどのように分担され、どのような権限が委譲されているのかなど、事業の運営について洗い出し、現状と問題点を把握します。意思決定のところと重複しますが、役割と権限の実態、そして、誰が引き継いでも仕事が回るのかなど、承継の視点からも社員の職務と権限を把握します。

③株式、諸規定、取引先との契約など法的な状況を把握する

株式に関すること、諸規定や許認可に関すること、取引先との契約、資産の権利に関することなどを洗い出します。多くの中小では、名義株や株券に関する手続きの不備、就業規則などの社内規定や届け出の不備など、創業の時のまま失念してきたことなども把握します。

④財務の状況を把握する

会計と税務の適正性、資産と負債のバランス、不適切取引、簿外債務、偶発債務などのリスクを洗い出します。中小の場合は、会計と税務が適正に処理されているかということもありますが、何よりも正常収益力と実態純資産、資金繰りの把握を重視します。

お金の流れが把握されていないと健全な経営はできないからです。

・正常収益力を把握する

正常収益力とは、本来ならあるべき収益力ということで、同業の指標と比較して、役員報酬が過大、接待交際費が過大など、損益計算書を基準として修正し算定します。

オーナー経営者の場合は、費用の公私混同ということも考えられますし、役員報酬を大きくして営業利益を調整しているケースもあります。そのことが悪いということではなく、これらの費用を修正

し、同業他社の経営指標と比べてみてどうなのかを把握しておくべきということです。
この正常収益力がM＆Aを行う場合の価格決定の大きな要素になります。

・実態純資産を把握する

貸借対照表では、資産に計上されている数字の内容を正しく理解することによって実態の純資産を把握します。それぞれの資産が現在の事業に必要なものか、必要ないものか、精査しながら仕分けします。

特に、不動産を所有している場合、簿価と時価を確認しておくことが重要になります。時価が簿価に比べて著しく高いときは、純資産が著しく大きくなりますし、簿価が時価に比べて著しく高いときは純資産が小さくなり、実質的に債務超過となることもあります。

また、所有している不動産が現在の事業とは関係ない場合は、事業から生み出すキャッシュフローを評価するM＆Aにとって、不動産があるために事業を買うことができないというようなマイナスに働く場合もあります。このような非事業用資産については、次の磨き上げの段階で早めに処分するか、会社分割によって事業と分けることも想定されます。

・管理会計と資金繰りを把握する

正常収益力と実態純資産という視点に加えて、M＆Aスキームを考える上でも大事になるのが現在の事業、顧客、商品ごとの採算性を把握することです。

中小の場合、管理会計を導入しているケースは稀だと思います。ただ、社長の頭の中には感覚的に数字があり、その感覚で投資と撤退を判断していることが多いと思います。

しかし、第三者への説明が必要なM＆Aでは、この見えていない、社長の頭の中にある数字を可視化する必要があります。つまり、事業、顧客、商品ごとの採算を管理する方法の導入ということになります。

その他、退職金の制度と引き当て、店舗の原状回復費用などについても把握すべきです。

そして、これも中小では再生中の会社以外あまり見かけませんが、資金繰りの分析によって会社のお金の流れを把握します。家族経営では、社長が経理担当の奥様に任せっきりで数字がわからないと言われるケースが多々あります。

M＆Aでは必ず両者面談、通常では社長同士の面談があります。そこで、わからないでは相手に不信感を抱かれてしまいかねません。そこで、社長にもお金の流れを理解しておいてもらうため、資金繰りの把握を行います。社長が会社のお金の流れを把握しているだけで買手の評価が違います。

取引先の入金条件、仕入れ先への支払条件から、現在の資金繰りと見通しまで把握します。資金繰り表を作るのは業績の悪い会社という風潮がありますが、きちんとした会社は作成していますし、M&Aにおいては必ず求められます。

⑤労務管理の状況を把握する

社員の働き方を把握しておくことです。中小の中にはタイムカードすら押さないで勤務しているケースもあり、就業規則に照らして勤務が適正か、現状の業務において就業規則が適正かなど、労務に関しての実態を把握します。

運送会社のM&Aでは、長時間労働と未払い残業の問題を指摘されるケースが多く、きちんと把握し、磨き上げにおいて対策をしておくことが必要です。

⑥人材の状況を把握する

社員のスキルや職務履歴を明確にしておくことです。これによって、社員の職能レベルがはっきりと伝えられますし、もし欠けているスキルがあれば通信教育などで底上げすることもできます。

M&Aにおいて、買手は人材を獲得することを目的にすることも多く、良い人材を抱えていることがわかればM&A価格にも反映されます。

ちなみに、人材の獲得のためにM&Aを考えている業種としては、人材派遣、運送業、福祉介護サービスなどがあります。お手伝いした中に、ある地方の社員15名のシステム開発会社を買った技術系の大手人材派遣会社もありました。

⑦業務プロセスを把握する

例えば、経理業務の日々、月間、決算までの流れがどのように行われているのかを把握することで、経理、営業、製造などの業務の課程を細かく分けて、いつ、何を、どのようにしているのかを把握することです。

中小では、仕事が人についていて、その人がある業務の最初から最後までを担当し自己完結してしまっていることが多いと思います。このような業務を洗い出し、担当が変わっても新しい担当が引き継げるように磨き上げでマニュアル化しておくことをめざします。

⑧事業の強みと可能性を把握する

経営の見える化の最後は、自社の事業について、内部と外部からみた事業の強みと弱み、機会と脅威を把握します。これによって事業を取り巻く環境、今後の事業の方向性などを認識します。ただ、やみくもに強みや弱みを洗い出すのではなく、私たちは、シンプルで整理しやすいことからSWOT分析（120ページの図）とマーケティングで用いられるDCCM理論（122ページの図）を用いて事業の強みと可能性を整理します。

ＳＷＯＴ（スウォット）分析とは、ＳＷＯＴの頭文字に由来する４つの要素を、内部環境と外部環境の視点から洗い出し、事業の現状を分析していく手法です。古典的な方法ではありますが、自社の可能性や見逃していた強みに気づかせてくれます。

ＳＷＯＴの最初のＳとは、強み（Strength）のことで、消費者の認知度が高いなどの自社の事業、製品について、強いところということです。２番目のＷは、価格が高いなどの自社の事業、製品について、弱み（Weakness）となっていることです。

３番目のＯとは、機会（Opportunity）のことで、健康志向が高まり市場が拡大基調にあるなど外部環境が自社の事業、製品にとってプラスとなる要因のことで、４番目のＴは、競合他社の増加など外部環境が自社の事業、製品にとって脅威（Threat）となるマイナス要因のことです。

ＳＷＯＴによって洗い出した、自社の「強み」と「弱み」、それに市場の状況や競合他社の存在といった「外部環境」を加味して、自社の事業、製品の現在地点を把握します。そして、弱みを改善して強みを活かし、外部環境にもフィットした事業の方向性を見出します。

2. SWOT分析とDCCM理論

SWOTを自社で活用してみようと思われる方もいると考え、ここでもう少しSWOT分析について掘り下げておきます。

1. 目的と目標の設定

どんな分析を行う場合でも重要なのは、最初に分析の目的と目標（成果）を決めておくことです。そうでないと、何のために分析を行うのかがぼやけてしまいますし、「どの程度の分析結果が出れば成功とするのか」が曖昧になってしまいます。

SWOT分析も例外ではなく、分析に着手する前に目的と目標を明確にしておくことが大事です。ちなみに経営の見える化におけるSWOT分析は、事業の強みと弱み、将来の可能性とリスクを把握することが目的であり、抽象的なことではなく具体的な分析結果が求められます。

2. SWOT分析の手順

SWOT分析は、まず内部環境（自社）から見た強み（プラス）と弱み（マイナス）を洗い出します。

主に、次のような要素が挙げられます。

- 消費者の認知、ブランド
- 品質と価格
- 立地
- 技術力やサービスのレベル

例えば、製造業について分析する場合、内部環境のプラスとマイナスの要素、つまり「強み」と「弱み」には次のような要素が挙げられます。

〈強みの例〉

- 工場の立地が良い
- 他社にはない独自の技術と品質の製品
- 優良な取引先

〈弱みの例〉

- 製品の価格が高い

- 受注生産

強みと弱みは主観的な評価ではなく、数値化できれば、より正確な分析が可能になります。続いて、外部環境から見た機会（プラス）と脅威（マイナス）を洗い出します。主に、次のような要素が挙げられます。

- 業界全体の市場規模と成長性
- 流行や話題性
- 周辺の環境
- 競合他社の状況
- 経済状況、景気動向
- 政治的な要因、法律や制度の改変

同じく、製造業について分析する場合の「機会」と「脅威」の具体例は次の通りです。

〈機会の例〉

- 国内の電気自動車の普及が拡大
- 海外での電気自動車の普及が拡大

〈脅威の例〉

- 当社より品質は劣るが安価な材料が登場

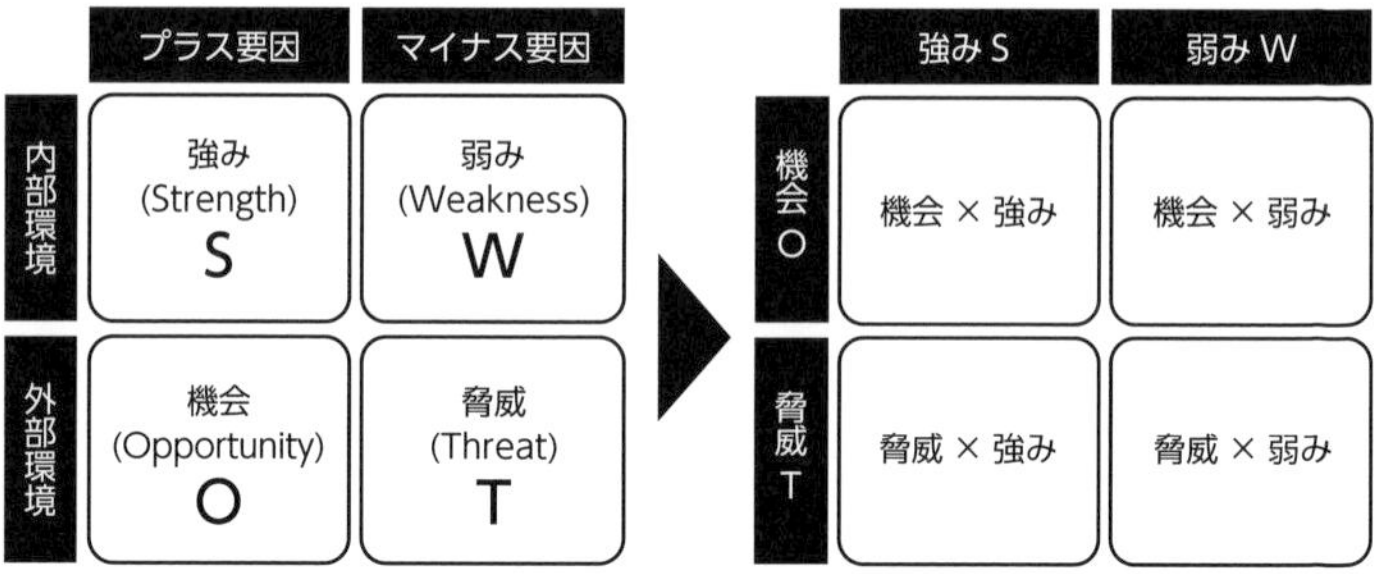

SWOT分析　　クロス SWOT分析

・材料を使用する部品の小型化

3．クロスSWOT分析を行う

強みと弱み、機会と脅威の4つの要素を洗い出せたら、次に4つの要素を掛け合わせる「クロス分析」を行います。これによって、事業の本質的な強みが把握できます。

クロスSWOT分析

強みと機会を見て「機会を捉えて強みを最大に活かすことはできないか」、強みと脅威を見て「脅威を回避するために強みを活かせないか」、弱みと機会を見て「弱みによって機会を逃さないためにとれる方策はないか」、弱みと脅威を見て「弱みと脅威によって受ける最悪の事態、そして最悪の事態を回避する方策はないか」など、4つの要素をクロスして見たときの着想から、強みを最大限に活かす方法を導き出すことになります。

「弱み×脅威」は常に目の前にある危機ですが、強みを活かしてその危機を回避し、機会を逃さずに売上に繋げ、さらに強みを最大限に活かす方法が着想されればSWOT分析は完了です。

「機会」と「強み」を混同しない

SWOT分析はシンプルで用いやすい方法であるだけに間違った結論を導き出してしまう可能性もはらんでいます。そこで、混同しやすいポイントを注意点として取り上げておきます。SWOT分析でやってしまいやすいのが、「機会」と「強み」を混同してしまうことです。

機会はあくまでも外部環境から捉えた市場の傾向や消費者の動向などであって自社がコントロールできるものではありません。一方の強みは、自社が主体的に生み出すもので、自社でコントロールできるものです。例えば、自社の製品やサービスが現在の市場の傾向に合致して伸長しているとしても、それは市場がそうした傾向を持っているためであり、自社の強みによる果実ではないのです。

ここを勘違いして、外部環境のプラス要因が自社の強みだと勘違いして落とし込んでしまうと、市場の変化についていけず、足元をすくわれることにもなりかねません。「市場の状況はこう」「自社の主体的な強みはこう」という具合に分けて考えるようにしてください。

会社・事業の強み × DCCM

Differentiating（差別性）
他社の事業、商品、サービスとの違い

Competitive（優位性）
他社の事業、商品、サービスよりも優れている点

Convincing（説得性）
差別性と優位性を裏付ける事実やイメージ

Marketability（市場性）
市場の規模や可能性

ＳＷＯＴ分析は決して万能ではありませんが、シンプルでわかりやすく、誰もが事業の強みと可能性について把握でき、結果を共有するにも適しています。

私たちは、ＳＷＯＴ分析から見出された強みを、次に紹介するＤＣＣＭ理論によって、より分析的に伝えられるように整理し、後ほど紹介する企業概要書や事業計画で表現するようにしています。

DCCM理論

ＳＷＯＴ分析で把握した強み、その強みの要素を際立たせて、わかりやすく第三者へ伝えるものとするために、他社の事業や商品との違い（差別性）、他社の事業や商品より優れている点（優位性）、その裏付けとなる事実やイメージ

（説得性）、そして、市場の規模や可能性（市場性）という観点から整理します。

この差別性、優位性、説得性、市場性という観点からメッセージを整理する方法は、システラットコーポレーションの森行生氏が提唱したＤＣＣＭ理論で、通常は、商品コンセプト開発や広告メッセージを開発するにあたって用いられるものです。

Differentiating（差別性）　他社の事業、商品、サービスとの違い
Competitive（優位性）　他社の事業、商品、サービスよりも優れている点
Convincing（説得性）　差別性と優位性を裏付ける事実やイメージ
Marketability（市場性）　市場の規模や可能性

差別性

市場に商品・サービスが氾濫し、インターネットの普及により膨大な情報が入手できる状況の中で、自社の事業が他社の事業、商品、サービスとの間で明確な「違い」（差別性）を示せているか、ということです。

例えば、多くの同様な用途の部品がある中で、その部品が他社とは明らかに違う素材からできているといったケースです。

優位性

他社の商品、サービスとの明確な違いがあっても、他社の商品、サービスよりも優れた点がなければ選ばれませんし、本当の強みとは言えません。例えば、多くの同様な用途の部品がある中で、24時間メンテナンス対応、即日納品などの優位性が明らかになっているか、といったことです。

説得性

「違い」と「良さ」の次に評価すべき視点は、「違い」と「良さ」が「本当にそうなんだ」と納得させられるという意味での「説得性」です。「差別性と優位性」が明確であっても、市場にわかってもらえなければ強みとは言えません。つまり、第三者にも伝わる、第三者が納得する要素があるか、ということです。

独自の製品を扱い、他社よりも良いサービスを提供し、そして、この事実をインターネットや会社案内などで誰もが明確に認識できる、わかるようにしているということです。

市場性

「差別性」「優位性」「説得性」を持った事業、商品、サービスが的確に市場に受け入れられているか、その市場における将来性はどうか、などの市場の規模や可能性を改めて把握します。このように事業、商品、サービスを支える市場へとブレークダウンしていくことで、強みを第三者にもわかるものとして把握します。

経営の見える化の効果

M&Aとは、第三者へ自社のことを正確に伝えることでもあります。正確に伝えるためには、経営が見えていないとできません。経営が見えれば、会社の価値についての説得性も増し、M&A価格に対する納得性も高まります。そのためにも、M&Aを決意した時から経営の見える化に取り組むべきです。

そして、経営の見える化は、M&Aにおける買収監査をスムーズに行わせることにも繋がりますし、クロージングの前提条件や最終契約の表明保証のリスクも軽減します。なぜなら、その内容は、買手が買収監査で質問する内容でもあるからです。

買収監査では、買手より多くの資料開示要求と質問がなされ、それに対応していかなければなりません。資料の開示ができず、質問への回答が遅い、回答できないということになると、それは経営への不信となり、場合によっては破断になるケースもあります。

M&Aは、会社の所有権とともに、経営と運営を引き継ぐことであり、経営と運営の実務がわからないと引き継げないことになり、それは譲渡後に問題になります。

このようなリスクを避ける意味でも、事業承継の準備としての経営の見える化は有益です。

3. 磨き上げ

経営の見える化によって、会社の抱える問題点が把握されたら、その課題を改善すべく取り組みます。このことを磨き上げといいます。磨き上げによって問題点が解消され、経営の品質が向上し、事業の運営が効率化されることは、経営を引き継ぐ買手側としても評価する点です。

磨き上げは、経営の意思決定、組織と役割分担、法務、財務、労務、人材、業務プロセス、事業の視点から洗い出された問題点を次の3つの領域に集約し改善に取り組みます。

1. 内部統制と管理の改善
2. 強み作りと弱みの改善
3. 経営資源の絞り込みと整理

1. 内部統制と管理の改善

内部統制と管理では、経営の見える化で洗い出した意思決定、組織、法務、財務、労務、人材、そして、業務プロセスの課題を、すぐに改善できること、継続して改善していくこと、というように時間軸と優先順位を決めて行います。

多くのケースでは、会社の基本的なルールの見直し、業務プロセス、財務についてすぐに取り組み、組織、人材、労務については相応の時間をかけて行うことになります。

古い会社になると就業規則も古いままということがあります。就業規則があっても創業時に設けたままになっていると、現在の働き方改革と大きなズレが生じています。

そうなると、M＆Aの買収監査において、未払い残業代が指摘されたり、退職金の積み立て不足が指摘されたりします。そうなる前に就業規則や協定などの会社の基本ルールを改善しておくことも磨き上げということです。

また、株主構成の改善ということもあります。中小M＆Aにおける買手は通常の場合、株式の100％の取得を前提とします。

そうなるとM＆Aを進める株主が過半数を保有しているだけでは成約できません。そのため、少数株主対策、名義株などの問題を解決しておくことが必要となります。

それに、定款上の株券が発行されたままになっていることも多々あります。M＆Aを行う場合には、株券を不発行にすることが求められます。

業務プロセスの改善も大切です。事務管理の効率化のために必要なソフトを導入し、作業を標準化し、会社のあらゆるデータをデジタル化しておくことです。外部に委託していた経理業務の内製化により、タイムリーに会社の財務が把握、分析できるということもあります。

中小企業の中には、月次試算表がタイムリーに見られず、そのために本来は即応すべき事案への対応が遅れてしまい業績が悪化している会社もあります。会社の財務情報がタイムリーに把握できることで損益の改善、資金繰りの改善という磨き上げが可能となり、業績の改善に繋がるのです。

このようなことが内部統制と管理の磨き上げということになります。そして、法務面、労務面、業務プロセスの磨き上げに取り組むことが、会社や事業の強みを伸ばすことになります。

また、それぞれの業務プロセスを誰がやっても同じことができるようになれば、経営をいつ誰が引き継いでも同じ水準での経営が可能となり、大きな強みになります。

2.強み作りと弱みの改善

強み作りと弱みの改善では、経営の見える化で行った事業のSWOT分析とDCCM理論によって明確となった強みを、いかに機会を捉えて最大に活かすのかを考え、その方向性を社内で共有化することによって磨き上げを行います。

ある自動車整備会社では、以前は同業と同じように乗用車の車検や修理を中心に事業を行っていましたが、自動車の販売ディーラーが車検の内製化を進める中で競争が激化し価格が低下、薄利多売の状態に陥り事業の先行きが厳しくなっていました。そこで、社長は市場の状況を見て、自社の技術力なら特装車の修理も可能と判断し、特装車の車検と修理専業へと対象市場を変えることを決断し、新たな工場を建て、ちょうど同業が廃業する機会を捉えて特装車メーカーの認定を取得しました。

その結果、乗用車の車検や修理はなくなり、取り扱い台数と売上は下がりましたが、地域の特装車の車検と修理では独占的な存在となり利益も改善し、結果的に上場会社とのM＆Aにも成功しました。

この会社は、自動車整備業という事業の領域は変えず、経営の見える化によって社員のスキルと市場の状況を把握し、市場の機会を捉えて強みを作ることに成功したケースです。

このような事業の方向性を作るということが強みの磨き上げです。弱みの改善は、不採算事業の撤退、不採算商品の撤収、そして、不採算顧客との取引条件の交渉を通じて会社の体質を改善することです。

3．経営資源の絞り込みと整理

経営資源の絞り込みと整理では、非事業用資産を整理し、投資のための現預金を厚くするなど、これまで積み上げた資産の見直しであり、経営者にとっては大きな決断となります。不動産M＆Aもここで活用されます。

経営資源を整理し本業に専心する体制を整えられれば、買手としても買いやすくなりM&Aがスムーズに行え、高い評価を受けることになります。

業績が順調な買手ほど自社の磨き上げを間断なく行っています。このことが同業者間の格差の要因になっているように思います。

M&Aにおける磨き上げを経営改善と同意語としていますが、確かに8つの視点からアプローチして、会社や事業を磨き上げることは、経営改善そのものだと思います。そして、この手法は、事業再生においても有用なものです。

総仕上げとしての事業計画

磨き上げが間断なく行われ、それが業績に反映していることを確認し、会社と事業の将来性をイメージするための経営の見える化と磨き上げの総仕上げは事業計画の策定になります。中小M&Aにおいて事業計画の開示を求められますが、ほとんどの会社で事業計画を策定していませんでした。

M&A価格の決まり方でも触れますが、事業計画が策定され、予算・実績管理がきちんとなされていると会社の評価は大きく変わります。何よりもM&A価格の算定根拠が事業計画となり、価値評価の方法も将来のキャッシュフローを基準としたDCF法（第7章で詳しく説明）となります。

価値評価については第7章に詳述していますので、ここでは、事業計画の策定について簡単に触れておきます。

事業計画を構成する要素のほとんどは経営の見える化で把握され、磨き上げで改善のアクションがとられています。事業計画は会社を理解するコミュニケーションツールとなり、計画策定により第三者からどのような経営をしているのか一目瞭然となって、M&Aでは、買手の戦略を刺激できます。

事業計画では、会社の基本情報、ものやサービスを提供するまでの業務プロセス、自社を取り巻く経営環境、SWOT分析と強みのDCCM理論、成長の可能性、そして、財務数値という内容が記載されます。これに予実管理が連動されていれば、経営の見える化から磨き上げというプロセスが定着し、改善が間断なく続いていることになります。

事業承継の必要性を認識されたら、この段階まで経営の品質を高めることが理想となります。

経営の見える化と磨き上げの終わりに、その改善による波及効果について見ておきます。「事業承継ガイドライン」からの引用になりますが、次のような2つの効果も期待できます。

1．財務状況の正確な把握による信用の獲得

足下の財務状況をタイムリーかつ正確に把握することが適切な経営判断に繋がり（財務経営力の強

化）、財務情報を経営者自らが利害関係者（金融機関、取引先等）に説明することで、信用力の獲得につながります（資金調達力の強化、取引拡大の可能性）。

2．事業再生の契機

中小企業の財務状態を改善することは、円滑に事業承継を行うために極めて重要です。債務整理等の事業再生を行う必要がある中小企業において、これを放置しておいては、後継者を確保することもままならず、事業承継を行ったとしても、後継者が苦労することは明らかでしょう。

この意味で、事業承継のタイミングは事業再生を行う契機であり、事業承継を円滑に行うためにも、早期に事業再生に着手する必要があります。

そして、経営の見える化と磨き上げによって、経営改善計画において必要とされる情報が把握されることから、事業再生をよりスムーズに進めることが可能となります。

経営の見える化のためのチェックリスト

会社の意思決定状況、組織と役割分担、業務プロセスの把握

・組織図の確認

・役員名簿、役員経歴、管掌担当業務の有無と実態の把握
・各部署の役割と責任者の配置の有無と実態の把握
・会社案内・商品案内、ホームページの有無、更新頻度の確認
・業務フロー、業務マニュアル等の有無と整備状況の把握
・資産設備の適切な修繕、使用状況の把握
・システム運用管理における適法順守の把握

株式、諸規定、取引先との契約など法的な状況の把握

・株券発行の有無の確認
・株主名簿の有無の確認
・株主来歴の把握
・株主異動の適正な手続きの有無の確認
・名義株の有無の確認
・株主の属性と株主間の関係の把握
・株主総会、取締役会に関する記録書類の有無と実態の把握
・定款の内容と法令との適合性の確認
・定款の内容の会社運営における順守性の確認

- 取得している許認可の確認
- 商業登記簿謄本記載事項と実態との乖離の有無の確認
- 取引先、不動産賃貸借などの契約書の有無と保管状況の把握
- 所有不動産、設備、車両等の資産について権利を証明する書類の確認
- 知的財産権、技術・ノウハウの有無とリスト、内容の確認
- 訴訟紛争関連、クレームに関する記録の有無の確認
- 土壌汚染、廃棄物処理等の環境関連法規順守の確認
- 役員、株主等との利益相反取引の有無の確認
- 機密情報等の管理状態の把握
- 個人情報の管理、体制整備状況の把握
- 反社会的勢力遮断への取り組みと状況の把握

財務の状況の把握

- 年次・月次の会計帳簿等の作成過程・管理の状況の把握
- 営業債権の管理の状況と実態の把握
- 仕入れ債務の管理の状況と実態の把握
- 諸経費、出納の管理の状況と実態の把握

- 固定資産の内容と実態の把握
- 銀行借り入れ、リースなどの負債の内容と実態の把握
- 資金及び決済の管理と資金繰りの状況の把握
- 会計基準に適合した会計処理の確認

税務の状況の把握

- 税務申告書の控えなど、税務に関する届け出書類の保管の確認
- 納税額一覧表の確認
- 税務調査・修正申告の有無と内容の確認

人材の状況と労務管理の状況の把握

- 退職金規定の有無
- 役員報酬の決定に関する資料の有無
- 従業員リスト、スキルシート、職務履歴の有無
- 雇用契約書、給与台帳、賃金台帳の有無と実態の把握
- 就業規則、給与規定、労使協定等の有無と実態との整合性の把握
- 労働日数、休日、労働時間に関する諸規定の有無と実態との整合性の把握
- 昇給、賞与、諸手当、時間外手当等に関する諸規定の有無と実態との整合性の把握

- 出勤簿、タイムカード、業務日報等による勤怠管理の状況と実態との整合性の把握
- 社会保険への加入の有無の確認
- 労災事故の有無及びその記録の管理の確認
- 労働組合の有無の確認
- 懲罰記録、労使紛争の履歴の管理の確認
- 各種ハラスメント等の労働環境の確認

内部と外部の観点から事業を把握

- 事業の強みと弱み、機会と脅威の把握
- 事業計画の有無の確認
- 事業部門ごとの予算・実績管理の有無の確認
- 事業部門ごとの売上推移・利益状況の把握
- 事業部門ごとの営業状況や取引先との関係の把握
- 主要顧客ごとの取引内容の把握
- 研究開発、商品開発の有無の確認

第6章

税理士と共に進めるM&Aのロードマップ

1．4段階で進めるM&A

この章から具体的な中小M&Aの進行について取り上げていきます。まずは、中小M&A全体の過程をつかんでいただくため、その道筋と道しるべとなる4つの段階について見ていきます。この章で税理士と共に進めるM&Aというものが、どのように進み、どのように取引が実行され、また税理士と会社経営者とM&Aの専門家によるチームがどのように機能するのかなどを理解していただけると思います。

M&A成約までの期間は1～3年

みずほ情報総研が2019年3月に公表した「中小企業・小規模事業者の次世代への承継及び経営者の引退に関する調査」において、経営者が後継を決定してから引き継ぎまでの期間を調べたデータがあります。引き継ぎ形態別に引退までの期間を見ると、社外の第三者承継への引き継ぎにおいては1年未満の回答が約7割と高い傾向にあります。

小規模企業者の場合、後継を決定してから1年未満で引き継ぎできたのが約4割、1年以上3年未

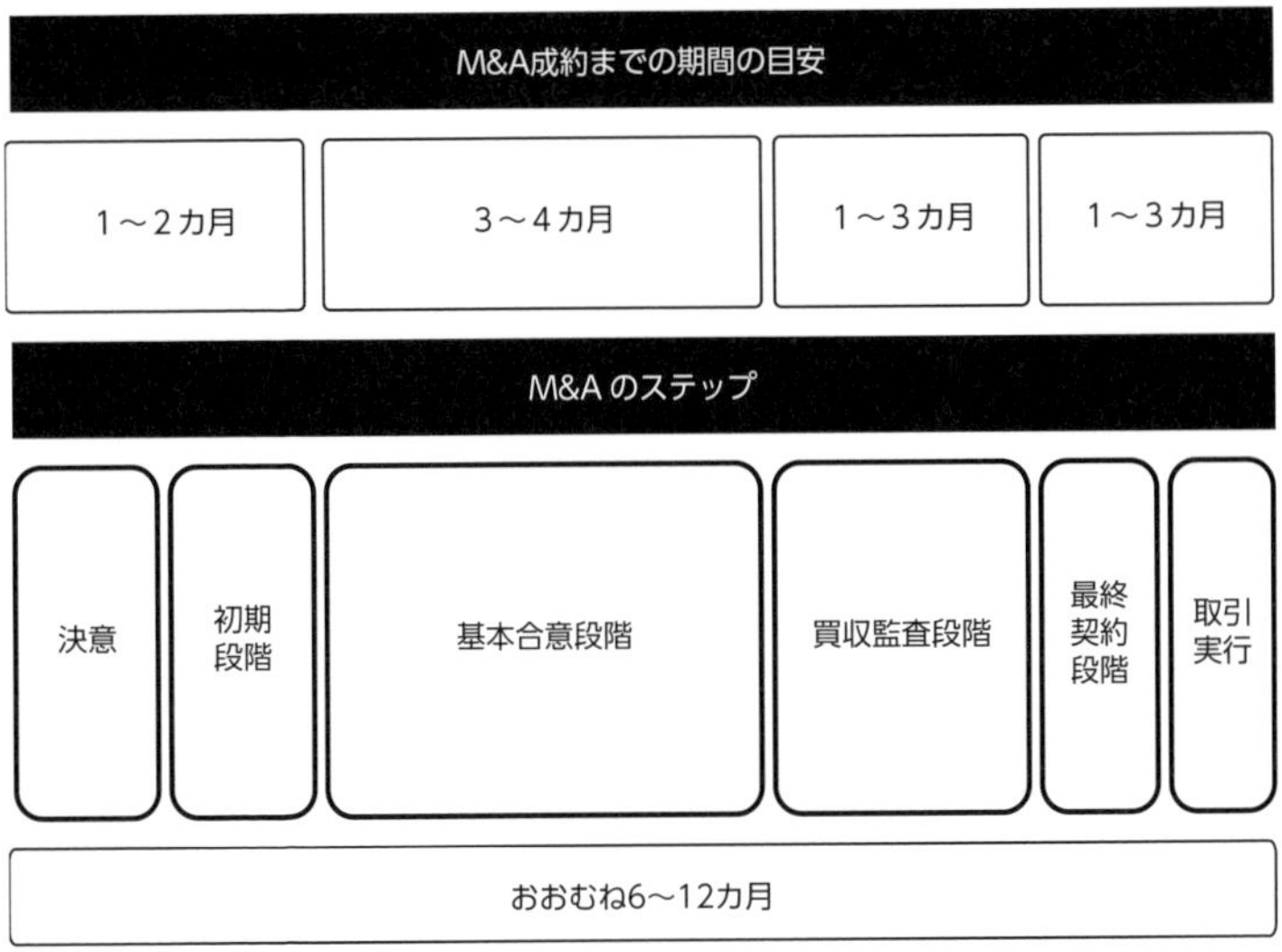

満と合わせて約8割となっています。

つまり、第三者への承継となるM&Aを行うことを決意してから成約までの期間は、多くが1年、長くても3年くらいが目安になるのではないでしょうか。

私たちがお手伝いしたM&Aのケースでも、相談から成約まで早いもので半年、いちばん長かったもので2年かかった案件もありました。会社というものは、人と同じでそれぞれ個性があり、そのため、かかる期間も案件ごとに違ってきます。

これから取り上げるロードマップで言えば、初期段階として1～2カ月、基本合意段階で3～4カ月、買収監査段階で1～3カ月、最終契約段階の取引実行までおおむね6～12カ月を目安としています。

2. M&Aのロードマップ

M&Aは、成約という目標に向かってチームが力を合わせて進むプロジェクトです。

ロードマップとは、プロジェクトマネジメントにおいて用いられる思考の道具の一つで具体的な達成目標を掲げた上で、目標達成の上でやらねばならないこと、障壁となりそうなことを列挙し、達成までの道筋を時系列で表現します。

税理士と会社、そして、専門家であるアドバイザーがチームで取り組むことの有益性はこれまでに説明してきました。

ここでは、税理士と会社、アドバイザーがどのように成約までの階段を上るのか、ロードマップによって道筋と道しるべを説明します。当事者となる会社が、チームの一員である顧問税理士からセカンドオピニオンをもらうべきタイミングについても解説します。

ロードマップを駆け抜けることで、会社のこと、オーナーのこと、オーナー家族のことを理解している税理士とアドバイザーのチームで、会社が最良の相手と出会えるようサポートします。

税理士と共に進めるM&Aのロードマップには、M&Aを決意してから取り組む初期段階を含めて4つの段階があります。そして、それぞれの段階には、クリアすべき壁があり、その壁をクリアすることで着実にゴールとなる成約をめざします。

税理士と共に進めるM&Aの4つの段階

0. M&Aを決意する、そして、チーム作り
1. 初期段階
2. 基本合意段階
3. 買収監査段階
4. 最終契約段階

M&Aを決意する

M&Aは、M&Aを行うことを決意した時から始まります。

そこで気を付けなければならないのが、誰がこの会社の権限を持っているのか、ということです。権限のない人が決意しても、なかなか前に進みません。

多くの中小企業では、代表取締役社長が大半の株式を保有し、会社の所有権と経営権が一致しているケースがほとんどだと思います。
しかし、会社設立時に発起人になってもらい、その人が株式を保有し続けている、名義株が残っており、その方が亡くなってわからないなど、株主が分散している場合は決意してもM＆Aは簡単にはできません。
なぜなら、多くの買手は１００％の株式譲渡を希望されるからです。

ある重機輸送の会社では、創業者のオーナー社長が急死し、株式が奥さんと娘二人に分散し、それぞれが33・３％を保有することになりました。当初は、家族の関係も良く問題はありませんでしたが、経営を担っていた奥さんが会社の将来を憂いて余裕のあるうちにM＆Aを行うことを決意されたところ、家族内で問題となりM＆Aを断念したというケースもあります。

また、ある自動車整備の会社では、株式の過半を保有している創業社長が、高齢で後継者がいないことからM＆Aをすることを決意したところ、創業時の発起人株主が複数人残っており、その方たちの消息もわからないことから、解決には時間がかかるため廃業へかじを切られたケースもあります。

そして、ある運送会社では、親族の少数株主が高齢で、その相続人が売却に反対し、株式譲渡契約書の調印日まで決まっていたにもかかわらず頓挫したケースもあります。

このようにM&Aを行うことを決意されたら、まず、株主総会における決定権が誰にあるのかを確認し、必要な対処をしておくことが必要になります。そのため、M&Aを行うことを決意されたら、会社の沿革から現在まで、そして株主のことを理解している顧問税理士に前さばきを相談されるべきです。株主間で合意形成されていないと中小のM&Aはうまくいきません。

アドバイザーの選択とチーム作り

顧問税理士に相談されたら、専門家に頼むべきか、自分たちで進めるか、という話になると思います。必要ないと考えられている方もいると思いますが、税理士も通常の業務を行いながら、時間的な制約のあるM&Aに取り組むことは難しいのが現実だと思います。

アドバイザーの必要性については第4章で説明しましたが、ぜひ、顧問税理士と一緒に誰が適任か判断し、仲介者やアドバイザーを選任してください。

これがM&Aにおける最初の税理士によるセカンドオピニオンであり、M&Aを成功に導く最適チーム作りの一歩ということになります。

秘密保持契約

Ｍ＆Ａに取り組むにあたって知っておいていただきたい契約があります。よく売手の経営者の方が心配されるのが、Ｍ＆Ａが動き始めて買手候補に打診すると、取引先にうちの会社のことがわかってしまい、現在の仕事にも支障をきたすのではないか、ということです。

Ｍ＆Ａにとって売手の秘密を守ることは絶対です。そのために、資料の開示、交渉を開始するにあたって必ず締結するものが秘密保持契約になります。

秘密保持契約（Non-disclosure agreement：ＮＤＡ）とは、ある取引を行う際などに相手との間で締結する、営業上の秘密や業績などの機密情報など業務に関して知った秘密（すでに公開済みのものや独自ないし別のソースから入手されたものなどは除く）を第三者（当該取引に関連する関連会社・弁護士・公認会計士などは除く）に開示しない（行政庁や裁判所の要求する場合、その他法律上開示義務がある場合などは除く）とする契約です。

アドバイザーを使う場合は、これに相手との直接交渉の禁止が加えられます。これは、Ｍ＆Ａが進捗する中で混乱しないよう交渉の窓口を統一しておくという意味です。買手探しにおいては、この契約を結ぶことが、Ｍ＆Ａ交渉の第一歩となります。

1．初期段階

初期段階

●M&Aすることを決意されると、M&Aスキームの選択、希望譲渡価格の算定を通じて、マッチングと M&A 交渉の基本的な条件を整理、少数株主、名義株などの対策もこのタイミングで検討します。
●その上で、会社と事業、資産の内容、業績の推移など買手が判断するための材料をまとめた企業概要書を作成します。
●売手にとっては、M&Aに動きだすための環境整備が初期段階になります。

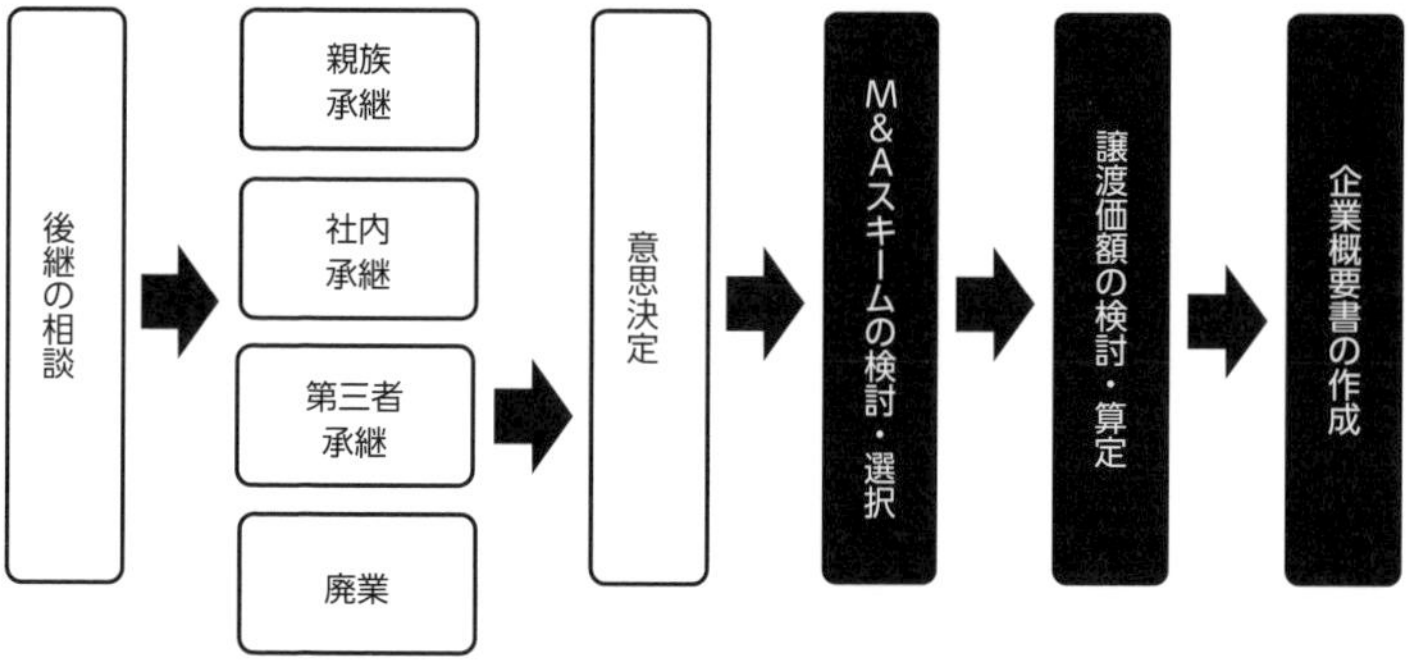

顧問税理士と会社経営者、そして、アドバイザーのチームができるといよいよM＆Aが具体的に動き出します。初期段階はM＆Aに向けての準備と位置付けられ、この段階で売却条件を整理しておくことになります。

具体的には、買手候補へのアピールと売却条件を整理し、会社・事業に関する情報をまとめた企業概要書の作成をめざし、どのようなスキームで譲渡するのが得策かの検討、売手としての希望譲渡価格の算定などを詰めていきます。

M＆Aスキーム

M＆Aのスキームにはいろいろあります。株式譲渡や事業譲渡によって譲渡する方法、合併や共同株式移転によって経営統合する方法、会社の事業を分割して、新設もしくは吸収する方法などです。ただ、中小M&Aの場合は、多くは株式譲渡と事業譲渡の2つの方法になります。まずは、この2つについて理解しておくことが必要です。

ここでは、株式譲渡と事業譲渡、それに加えて、複数の事業がある会社で、一部の事業を切り離したかたちで譲るといった場合に用いられる会社分割について説明します。

株式譲渡

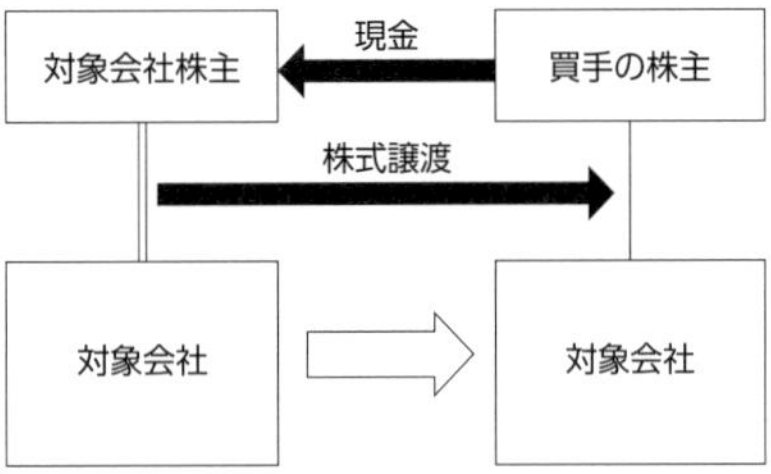

事業譲渡

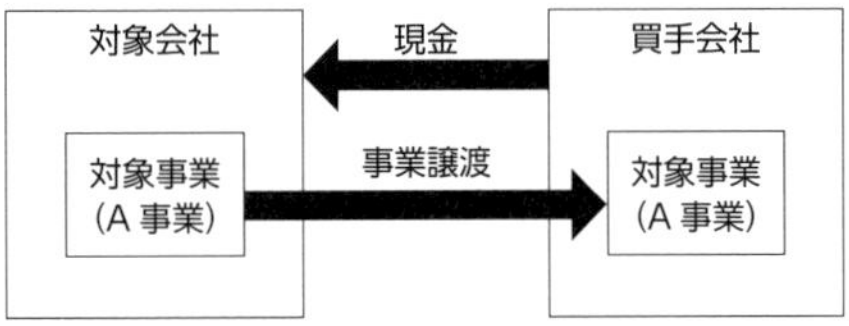

株式譲渡

株式譲渡とは、法人の株主が保有している発行済み株式を買手に譲渡する手法であり、譲渡対象会社を譲り受け会社の子会社とするイメージです。譲渡対象会社の株主が変わるだけで、会社組織はそのまま引き継ぐかたちとなり、会社の資産、負債、従業員や社外の第三者との契約、許認可等は原則存続することになります。また、手続きも他の手法に比べて相対的に簡便です。ただし、未払い残業代等、貸借対照表上の数字には表れない簿外債務や、紛争に関する損害賠償債務等、現時点では未発生だが将来的に発生し得る偶発債務もそのまま引き継ぐことになる点はリスクとなります。また、賃貸借契約等についてのチェンジオブコントロール条項の定めがある場合には、当該契約等の継続のために事前に賃貸人等との協議や交渉が必要になることがあるため注意が必要です。

買手にとっての株式譲渡は、前述のように会社の所有権と経営権をすべて譲り受けることになり、その結果、法人に帰属する権利義務を包括的に譲り受けることになります。つまり、簿外債務、偶発債務なども一緒に引き継ぐことになるリスクがあり買収監査は必須です。

事業譲渡

事業譲渡とは、対象会社が有する事業の全部または一部（土地、建物、機械設備等の資産や負債に加え、ノウハウや知的財産権等も含む。）を、譲り受け先に譲渡する手法です。資産、負債、契約及び許認可等を個別に移転させるため、債権債務、雇用関係を含む契約関係を、一つひとつ、債権者や従業員の同意を取り付けて切り替えていかなければならず、譲渡する資産の中に不動産を含むような場合には登記手続きも必要となります。

また、許認可等は譲り受け先に承継されないことが多く、その場合には譲り受け先で許認可等を新規に取得する必要があります。建設業等がこれに当たります。

事業譲渡の手法を選択した場合には 株式譲渡に比べて手続きが煩雑になることが一般的ですが、個別の事業・財産ごとに譲渡が可能なことから、事業の一部を手元に残すことも可能となります。譲り受け先にとっては、特定の事業・財産のみを譲り受けることができるため、簿外債務・偶発債務のリスクを遮断しやすいというメリットがあります。


買手にとっての事業譲渡は、対象会社の事業の全部または一部だけを譲り受けることです。本業に集中したいなど、売手の事情により譲り渡しの対象事業が選択されることから、売手として事業の再構築などを考えて取り組まれるケースが多く見られます。

株式譲渡と違い簿外債務、偶発債務を引き継ぐリスクは遮断されますが、株式譲渡と違い、取引先との契約、従業員の転籍など事業の移転に関わる手続きは煩雑で、事業譲渡契約の締結からクロージングの完了まで数カ月かかることもあります。

事業譲渡における手続きの煩雑さを軽減するため、譲渡対象事業を会社分割により切り出し、その後に株式を譲渡するスキームが選択されることもあります。

会社分割

会社分割とは、会社法が定める組織再編の手続きの一つであり、会社の事業に関して有する権利義務の全部または一部を分割し、他の会社（または分割に伴い新たに設立する会社）に包括的に承継させる手続きになります。（150ページの図）

会社分割においては、「会社分割に伴う労働契約の承継等に関する法律（労働契約承継法）」によって、一定の要件を備えた場合には、原則として雇用が確保されます。また、許認可等についても、個別の各種業法等によりそのまま引き継がれるケースもあります。なお、原則として、会社分割につき債権者が異議を述べることができる期間を1カ月以上設けること（債権者保護手続き）を含む会社法上の所定の手続き等を要するため、そのための時間的余裕や費用等を要することがある点には注意が必要です。また、登記手続きも必要であり、会社分割を行った旨は履歴事項全部証明書にも記載されます。

会社分割には、対象会社（分割会社）から事業（資産、負債等）の一部または全部を切り出し、既存の会社（承継会社）に承継させる分社型吸収分割、対象会社（分割会社）から事業（資産、負債等）の一部または全部を切り出し、新設の会社（承継会社）に承継、対象会社の子会社となる承継会社の株式を譲渡する分社型新設分割などの方法があります。

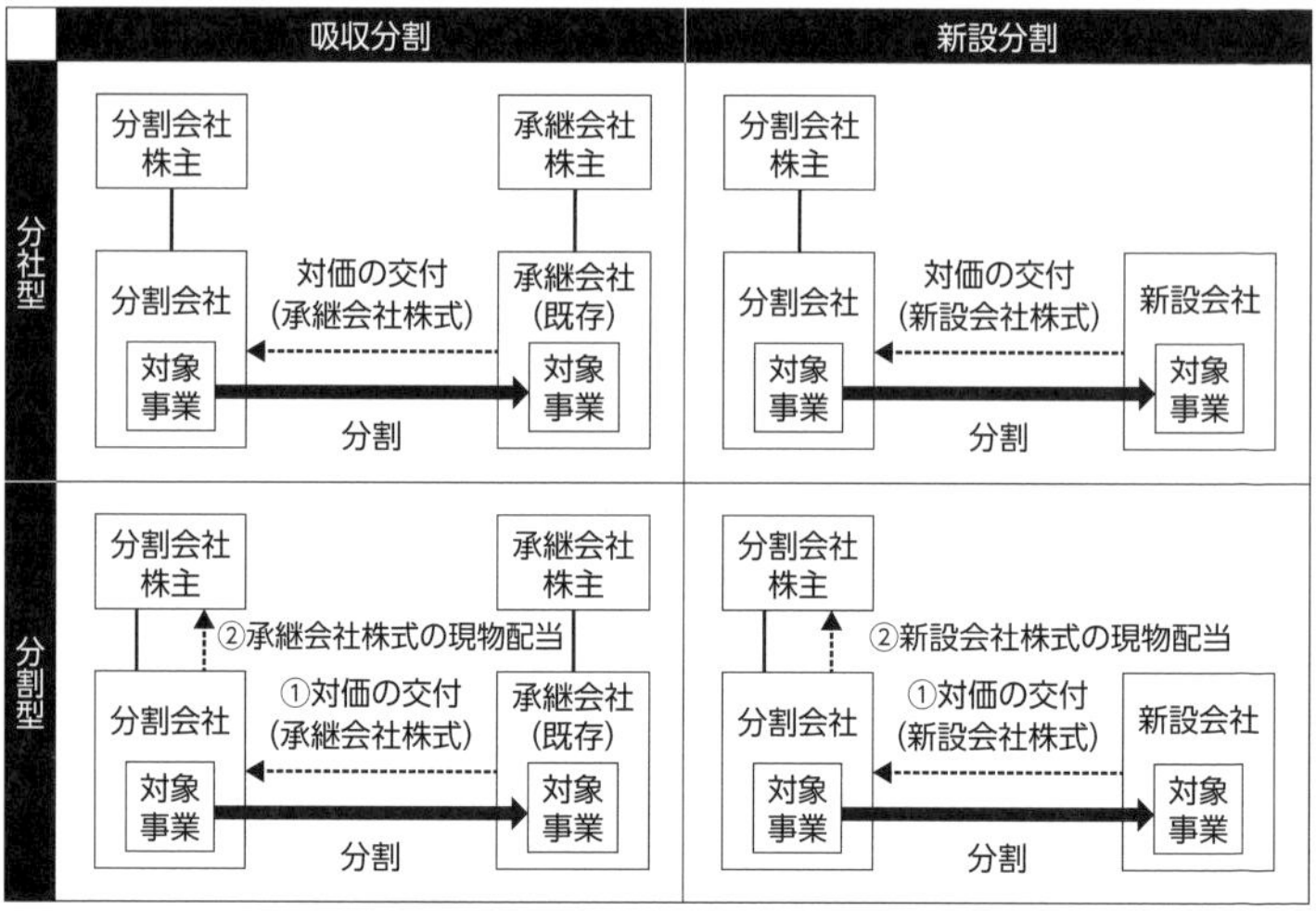

マクサス・コーポレートアドバイザリー森山保編著『「M&Aスキーム」選択の実務』の図表を参考に作成

会社分割の活用にあたっては、どのような目的で、誰が譲渡対価を受け取り、その場合の税効果などを十分に検討して方法を選択することが必要です。例えば、税制の適格要件を満たして事業を切り出したつもりが、半年後に事業の承継会社の株式を譲渡した場合に、継続要件に抵触し非適格となって想定した果実が得られなくなってしまったというケースもあります。

会社分割の活用では、戦前からある会社で、事業から生み出されるキャッシュフローに比べて所有している非事業用資産の不動産の価値が高く、資産と事業を併せて譲渡すると不動産の価格がM&A価格に反映されてしまい、M&A価格が著しく高くなってしまうことから、過去に事業と不動産を分割して譲渡したケースがありました。
当初、不動産も含めて譲渡を検討されていましたが、M&A価格が高いことからなかなか買手が現れず、また、買手が現れてもM&A価格がネックとなりなかなか成約へと至りませんでしたが、それまでのスキームを見直し、買手の投資と回収のバランスを考えて不動産の所有会社と事業運営会社に分割し、事業運営会社のみ譲渡するスキームとしました。その結果、買手が現れ成約したというケースです。

また、建設業、産業廃棄物処理業など、許認可や特定の認可のある事業の場合、許認可の移転ができないものもあります。このような場合は、買手側が許認可の取得をし直すことになり、許認可が取得できたところで、売手の許認可を廃止、事業を吸収するというスキームとなります。

このようにM&Aスキームは、それぞれの会社や事業の状態、売手の希望、買手の戦略などを踏まえて立案されるものです。そして、スキームの選択は、何を譲渡するのかを決めることでもあり、希望譲渡価格を決める前提となる作業になります。
株式譲渡、事業譲渡ではM&Aの対価となるお金の入り方も変わります。そのため、株主にお金を集めるために会社分割を行ってから株式譲渡するケースもあります。

M&Aスキームの選択次第でお金の流れも決まってくること、それに応じて発生する税金も変わることから、スキームの選択を決しておろそかにしないようにしてください。

希望譲渡価格の算定

M&Aスキームが決まると、次に、スキームを前提とした希望譲渡価格の算定というステップになります。相談の時点では、どのスキームを選択するのか、会社を売却するのか、事業を売却するのか、その方法として会社分割を選択するのか漠然としています。しかし、M&Aスキームが決まると価値の評価をすべき対象が決まります。

そして、本格的な価値の評価を改めて行い、売手との協議で買手候補へ提示する希望譲渡価格を算定します。

売却後の経営体制についても整理

初期段階では、スキームと価格に加えて、売却後の買手経営陣に関する希望、従業員の処遇に関する希望、経営者保証に関する希望などを決めておくことになります。

企業概要書は会社や事業のことをきちんと説明しているか

M&Aのスキームと売手としての希望譲渡価格、希望条件が決まると、買手候補へのアプローチ準備の最終ステップとなる企業概要書の作成となります。

企業概要書とは、譲渡対象とする会社や事業の経営情報を記載したもので、買手にとっては対象となる会社や事業の詳細を知る最初の資料となります。そして、買手は、この企業概要書で譲り受けるべきか、否かを判断することになります。（154ページの図）

そのため、企業概要書は、一人歩きする資料として、M&Aスキームはもとより、対象となる会社や事業の概要や数字だけではなく、会社や事業の強みや成長の可能性などについて詳細に記載することになります。なお、企業概要書は、一般に公開していない機密情報も含むため、買手候補には秘密保持契約の締結後に開示することになります。

買手が注目する企業概要書の項目

買手にとってM&Aは、新規事業であったり、シナジーであったり、効果を求めて買うことになります。そのことを想像して作成することが求められます。これまでの経験では、買手は、以下のような項目を注視します。

- 社歴と最近の事業を取り巻く環境、業績、将来の見込み

●企業概要書とは、譲渡対象会社（事業）に関する詳細な情報を記載したもので、買手にとって対象会社（事業）を評価、M&Aの可否を判断する資料です。

●企業概要書には、譲渡対象会社（事業）の様々な魅力や成長の可能性についても記載します。

●企業概要書の開示は、一般に公表していない機密情報を含むため、秘密保持契約の締結後に行います。

企業概要書の内容

①エグゼクティブサマリー
②会社概要
③株式情報
④役員情報
⑤組織
⑥退職金制度などの有無
⑦許認可
⑧事業概要
⑨財務情報
⑩設備、不動産などの譲渡対象資産
⑪事業計画

買手が注目する項目

①社歴と最近の事業状況、業績、将来見込み
②事業（会社）の強みとその源泉となる独自資産（設備など）
③取引先情報
④従業員の平均年齢
⑤買収後の事業（会社）運営のイメージ（幹部、中間管理職）
⑥事業計画

※検証できない情報は載せない

・強みとその源泉となる独自の資産（人材、技術、設備）
・取引先と取引先数
・譲り受け後の運営イメージ　どれくらい時間をかける必要があるか
・事業計画の有無

そして、もっとも重要なのは立証できない情報は載せないことです。

いいかげんな情報に基づいて判断されることは、最終契約において大きな齟齬《そご》となりかねません。

M&Aスキーム、価格、そして、企業概要書が完成すると、いよいよ買手探しに動きだします。

ここからが、M&Aの本番であり、ここから基本合意書の締結が中小M&Aにとってはもっとも長い時間のかかる段階となります。そして、アドバイザーにとってはもっともタフな段階でもあります。

赤字会社を売却するためのポイント

初期段階の最後に、赤字会社の企業概要書において表現すべきポイントを取り上げておきます。

会社の「見えない資産」を評価してくれることも

M&Aでは、買手の戦略にフィットすれば、損益を超えて価値を見いだしてくれるケースもあります。よくあるのが小売業における「店舗」の立地や製造業における「工場」「設備」、運送業における「ドライバー数」、さらには老舗企業の「ブランド力」などです。

これらは買手の経営ノウハウと融合すればすぐに収益化できることもあるため、意外と大きな営業権を生み出すことがあります。

コロナ禍にあって大幅に業績が悪化、営業赤字に陥った食品輸送会社を、「立地」「車両」「ドライバー数」などの経営資源の可能性を考慮してもらい、業績悪化前に近い水準で評価いただいた案件がありました。

赤字会社の場合は、表面的な経営状態の把握だけでは見えてこない、見えない資産を評価してもらえるようにすることが重要となります。

業績不振の理由をきちんと語れるか

買手は将来の利益を予測して価値を判断しますが、その予想の土台となるのは、当たり前ですが、これまでの業績です。したがって、買手は、直近までの業績から「なぜ赤字になったのか」を分析し、「この赤字はずっと続くのか」「それともやり方次第で黒字回復するのか」を検討し将来の損益を予測します。

その意味で、「なぜ業績不振に陥ったのか」という理由の把握は重要な情報となります。その要因を客観的に分析し企業概要書に表現しておくことが大事になるのです。

買手が欲しがる情報を事前に押さえておく

同業者のM＆A事例を調査し、「この業種のM＆Aでは、どのような情報が重要視されているのか」を確認し、決め手となる情報は必ず開示します。例えば、「この業界は現場の従業員数と資格が評価されている」と判断された場合、その人数だけでなく、年齢、性別、年収水準、職務、勤続年数などの買手が知りたい情報を企業概要書で積極的に開示します。

税効果をアピールする

赤字会社の場合は、繰越欠損金などの税効果が判断材料となることもあります。経営者の心理としては繰越欠損金の存在をアピールするのは嫌だという方が多いと思いますが、中小企業同士のM＆A

では案外と評価されることもあります。

一刻も早く着手すべき

余談ですが、赤字を出し続けている限り会社の資産は時間とともにどんどん目減りします。赤字会社のM&Aは早く着手すればするほど成約の可能性が高まり、遅くなれば手遅れになりかねません。

M&Aは、市況に左右される面もあり、急いで売るよりも待ったほうが結果的に良かったということもありますが、赤字会社に関しては一刻も早くM&Aに着手すべきです。

初期段階で税理士に求めるセカンドオピニオン

- M&Aスキームの選択に違和感がないか
- このM&Aスキームを選択した場合の税金はどうなるのか
- 希望譲渡価格についてどう思うか
- この希望譲渡価格とM&Aスキームで取引した場合の税金はどうなるのか
- M&A後の税務上のリスクはないか
- 企業概要書には会社や事業のことが正確に説明されているか
- この企業概要書の内容で会社や事業が理解できるか

基本合意段階

●初期段階で売手との間で企業概要書の作成が完了すると、中小 M&A のロードマップの中でもっともタフな基本合意段階へと進みます。
●基本合意段階では、マッチング（買手候補の選定、買手候補の探索、そして、両者面談）を経て、基本合意書の締結をめざします。
●両者面談は、共同体（家族的）としての側面が強い中小企業にとって、相手との相性（社風）の良しあしを判断する重要な局面です。

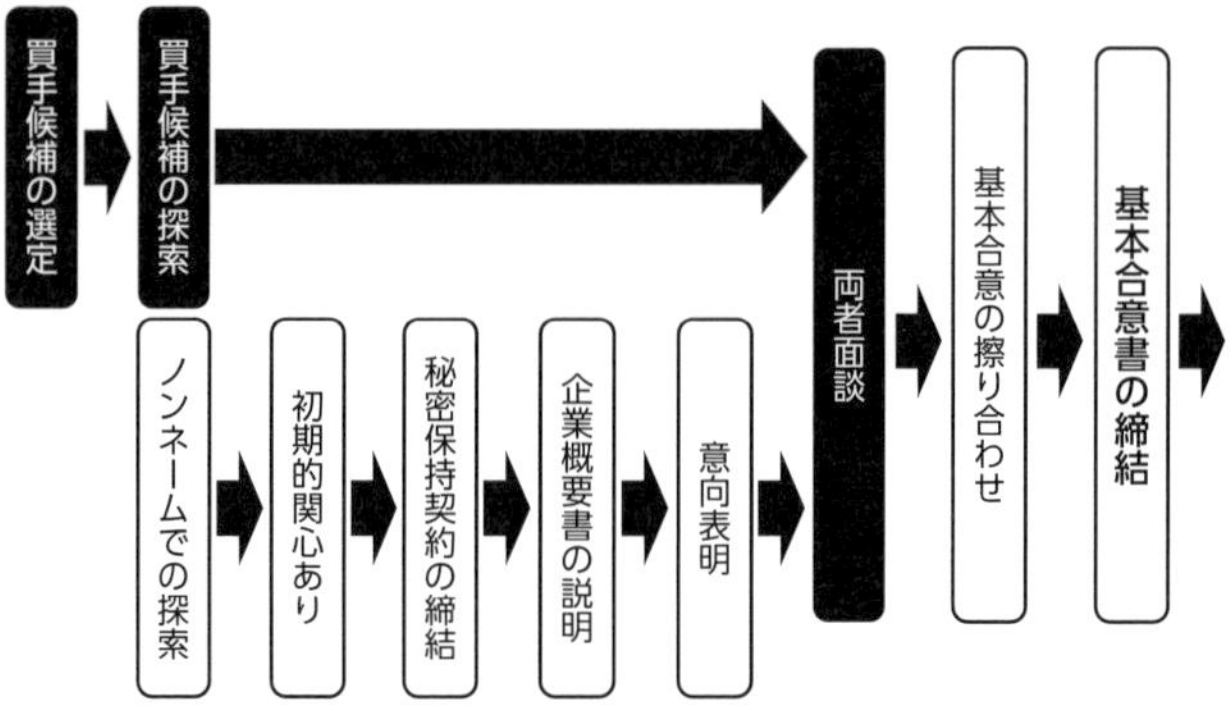

2. 基本合意段階

基本合意段階では、何よりも買手候補とのマッチング、そして、両者面談、スキームと価格等の基本的な事項を確認する基本合意書の締結へと進む、中小M&Aにとってもっとも大事な局面です。ここで買手候補が現れなければM&Aは成立しません。

ノンネームシートの作成

ノンネームシートとは、売却対象となる企業または事業について対象企業を特定できない程度に買収のスキーム（業種、売上高、利益、売却希望金額等）をまとめた匿名の企業概要書のことです。

ティーザーとも呼ばれることがありますが、

これは顧客に明らかにしないことによって注意を引こうとするティーザー広告と同様で、英語のtease（じらす）から命名されています。アドバイザーが買手候補先へ打診する際に使用し、打診した買手候補先が関心を持ったら秘密保持契約を締結し、そののちに具体的な情報を開示して買手候補先が検討を行っていくことになります。

買手候補のリストアップ

ノンネームシートの作成と買手候補のリストアップという手順から基本合意段階は動きだします。

買手候補のリストアップにあたっては、買手のこと、つまり、買手の戦略を知ること、想像することが大事になります。基本合意の初動では、買手候補の選定のためのロングリストとショートリストの作成、買手候補への打診、買手候補からの意向表明、そして、両者面談をめざします。

両者面談までは買手候補が勝手に売手を評価する過程であり、アドバイザーが売手のことを買手にとっていかに有益であるかを伝える作業になります。

つまり、買手にとって有益でなければ買手は意向を表明するには至りません、そのまま無視されることになることから、その効率を高めるため、関心がある買手候補をきちんと選定することが大事になります。そのために買手のものの見方・考え方を想定することが求められます。

このセンスが中小M＆Aのアドバイザーに求められます。買手の動機や戦略を想像できていないと、ただやみくもにアプローチすることになり、いつまでも買手が現れないことになります。売手の意向だけで買手を想定してもなかなか買手を探せません。

そのため、マッチングの事前準備を効率的に行ってもらうため、業界のことを触ったことのあるM＆Aアドバイザーが重宝されるのです。

ロングリストとショートリスト

M＆Aにおける買手候補のリストには、ロングリストとショートリストがあり、リスト化を通じて段階的にターゲットを絞り込みます。

ロングリストでは、一定の基準を満たした買手候補が羅列されます。例えば、M＆Aを実施した際にシナジー効果を期待できる会社などです。およそ約20〜30社が抽出されている場合が多く、ときには100社ほど抽出するケースもあります。

このロングリストを精査し一定条件で買手候補を絞ったものがショートリストです。そして、このショートリストに記載された買手候補から打診することになります。

買手候補リスト作成の手順

M＆Aの第一歩となる買手候補リストの作成は、非常に重要なプロセスです。なぜなら、買手候補の選定は、M&Aの成約までの時間とM&A後を左右するからです。

ここでは簡単に買手候補リストの作成にあたっての買手候補の選定プロセスをターゲット・スクリーニングと呼びます。以下に、ロングリスト、ショートリストの作成とターゲット・スクリーニングについて説明します。

1．基準の設定

まずは、ロングリストの作成やターゲット・スクリーニングを実施する際の基準を設定します。選定の基準については別の章で詳しく取り上げていますが、自社の経営資源に基づき、買手の戦略（類似会社の中期経営計画）、希望譲渡価格に対する支払能力（そもそも買う資力があるか）などを検討して設定します。

2．ロングリストの作成

基準を設定したら、それをもとにロングリストを作成します。

ロングリスト作成の際は、業種を特定してインターネットの企業情報データベースを活用して抽出し、それぞれの、ホームページなどからより詳しい企業情報を収集して選定します。つまり、各企業が公表している情報をベースとして、基準に沿って選定していきます。

3．ショートリストの作成

ロングリストが完成したら、さらにふるいをかけてショートリストを作成します。ショートリストでは、M&Aの目的との適合性、経営戦略や経済性を踏まえた実現の可能性などを考慮し、ロングリストでピックアップした買手候補の会社をさらに絞り込みます。結果、ショートリストはより詳細かつ綿密なリストになります。

ショートリストの作成過程は、理想的なシナジー効果などが得られる買手候補先をさらに絞り込む過程であり、ロングリストより詳細な条件を設定して選定します。

4．優先順位を決めて打診

ショートリストの作成後は、リストアップした会社へのアプローチとなります。その際も、目的との適合性や実現の可能性などを考慮して優先順位を決めて打診していきます。

中小M&Aの買手探しにとってもっとも大事なのは、ロングリストを作成する段階で可能な限り多くの買手候補先を選定することです。

そのため、ロングリストを作成する段階では、買手候補の数を充実させることを念頭におくことになります。ロングリストの作成過程で、どうしても買手候補の数が少ない、買手候補が浮かび上がらないケースもありますが、その場合はマッチングの難易度が高いということになります。ロングリストの買手候補の数が少ないのは、ニッチ市場でのプレイヤーであることが多く、一発必中で成約ということもあり、決してM＆Aをあきらめる必要はありません。

マッチング

買手候補の選定によって作成したリストに基づいてアプローチします。この買手候補へのアプローチ、両者面談までの一連の作業のことをマッチングといいます。

具体的には、ロングリスト、ショートリストに基づいてＦＡＸやＤＭでノンネームシートを配布し、買手候補の関心を探ります。

関心を持った買手候補と秘密保持契約を締結し、企業概要書を開示し質疑応答を行います。書面のやり取りを進める中で、買手の意向が明確になったところで両者面談へと進むことになります。

マッチングに関しては、インターネット上でのマッチングサイトも増えており、「第三者承継支援総合パッケージ」においても全国の事業引継ぎ支援センターの相談情報をノンネームで掲載したデータベース（ＮＮＤＢ）のプラットフォームの利用を推奨しており、小規模企業者の買手探しはインターネットを活用したマッチングサイトが今後の主役となることも予想されます。

最近は、事業引継ぎ支援センターが買手を見つけてくれ、そこからアドバイザーとしてお手伝いすることも増えてきました。

もっとM&Aが一般化し、誰もが行えるよう標準化されると、自分自身ですべてを完結するような時代が到来するかもしれません。

マッチングの難易度

よくM&Aの話をするとき、大きくても、小さくても同じように時間と手間がかかるという話を聞かれるかと思います。

ある一定の規模、売上で10億円を超えてくるような会社譲渡の場合には、買手を見つけることよりも、条件交渉や買収監査に多くの時間を要するように感じます。

しかし買手を見つけるとき、小さい会社ほど時間を要することが多いのが実感です。

売上で3億円以下となると、買手を見つけるのに苦戦することが多くなります。

特に売上で1億から2億円の場合、買手候補を探すにしても同程度の規模、同業者ということに限られる場合があります。特に、自社で独自の製品を持たずに下請けをしている場合は、その傾向が顕著になります。

それでも、業界の集約が進み、同業者にもそれなりの中堅クラスが存在する場合は、買手が見つかりますが、同業が一斉に沈んでいるような環境下では、買手探しは苦戦します。

小さい会社と大きい会社とでは、同じような時間がかかりますが、手間がかかるステップが違ってきます。

小さい会社の中でも3次請け、4次請けの部品製造会社は、経営者の健康、業績の問題がなければ業界内の景気が良い時を狙う、つまり、タイミングを計るのが、スムーズに買手を見つける一つの方法と考えます。タイミングを計るためにも、M&Aの準備をしておかれることがチャンスを逃さないために必要です。

両者面談、相手との相性

アプローチによって買いたいとの意向を示した買手候補との面談が、両者面談です。中小企業同士であれば、トップ同士が面談することになります。

中小企業同士ですと、この最初の両者面談でほぼ最終契約までの道筋が見えてくることになります。そこで大事なのが、相性になります。

相性というと、望ましい方向に発展することを「相性が良い」といい、どうも芳しくない結果に陥りがちな関係は「相性が悪い」と表現するなど、人間がおのおの持つ性質や性格が合うかどうかという意味合いで使われますが、M&Aの場合は、それまでに培ってきた職場の雰囲気、社員の気質などの社風が合いそうかどうか等といったことに対するトップの直観が重要になります。

この直観的な相性が合うとなれば、その場でどんどん話が進展することも多々あります。基本合意や買収監査は行うが、トップが何としても買うと決意するのも両者面談だったりします。

基本合意書の締結

両者面談がうまくいくと、中小M&Aの6合目、基本合意書の締結へと進みます。基本合意とは、買手候補を絞り、最終契約に向けて双方で価格、従業員の処遇、取引実行の時期、独占交渉権などの基本条件を定め、独占交渉権と秘密保持以外は法的拘束力のない形式で締結するものです。

この基本合意書を締結した後、買収監査（デューデリジェンス）に入るケースが多く、その後、感覚的に8割の案件が成約していることから、成約という山頂が見えてきた段階と言えます。

基本合意書の主な内容としては、以下の項目が挙げられます。

- **取引のストラクチャー（株式譲渡、事業譲渡など）**
- **譲渡価格**
- **従業員の処遇**

●取引実行の時期の見通し
●独占交渉の有無、内容と期間
●買収監査（デューデリジェンス）について

基本合意については、最終合意に限りなく近いものもあれば、当事者間のこの間の交渉の理解を確認するだけのものまでレベルはまちまちで決まった形式はありません。

基本合意書の締結にあたって留意すべき点は、少数株主、社員の中のキーマン等の利害関係者との合意形成となります。通常、買手は１００％の株式の譲り受けを希望されることから、少数株主が反対するようだと話は進まなくなります。

どこの範囲まで合意形成を図るべきかについては、それぞれの会社によって違いはあると思いますが、複数の株主がいれば全員の合意、社員キーマンの合意は必要かと考えます。

基本合意書への署名捺印のタイミングは、基本的な条件も整った段階でもあり、これら利害関係者の合意形成を図るべきタイミングです。

これを逃すと、買収監査で幹部社員へのヒアリングを求められたときに右往左往することになり、最終契約書の締結から取引実行までの間に買手から求められる社内への説明で反発を招き、結果的に破断となってしまうこともあります。

私たちの経験では、基本合意書の締結をスタートラインとして、株主、社内の合意形成を始めるケースが多々あります。

基本合意段階で税理士に求めるセカンドオピニオン

- 買手候補のリストについて違和感はないか
- ノンネームシートへの記載内容について問題（すぐに対象会社が特定されること）はないか
- 買手候補との両者面談を予定しているが、買手候補をどう思うか
- 面談よりこの買手候補と進めていいと思うか
- 基本合意に向けた条件をどうすれば良いか
- 基本合意書の内容（スキーム、価格、税金）についてリスクはないか確認してほしい
- 基本合意書の締結後に予定される買収監査で問題になりそうなことはないか

3．買収監査段階

基本合意書の締結が完了すると、買手による売手の開示している内容に瑕疵《かし》がないかを確認する買収監査（この章では、以下「デューデリジェンス」と称します。）が行われます。

買収監査段階

●基本合意書を締結すると、買手による売手に対する買収監査段階となります。ビジネス、法務、財務を中心として、必要に応じて労務、環境などの調査が行われます。
これをデューデリジェンスといいます。
●この段階では、買収監査への準備次第で監査完了までのスピードが変わります。「事業承継ガイドライン」にある M&A の事前準備「経営の見える化と磨き上げ」を行っておくと、よりスムーズに進みます。
●そして、デューデリジェンス完了後、買手より価格や譲り受けの最終条件が提示され、最終契約へ向けた交渉となります。

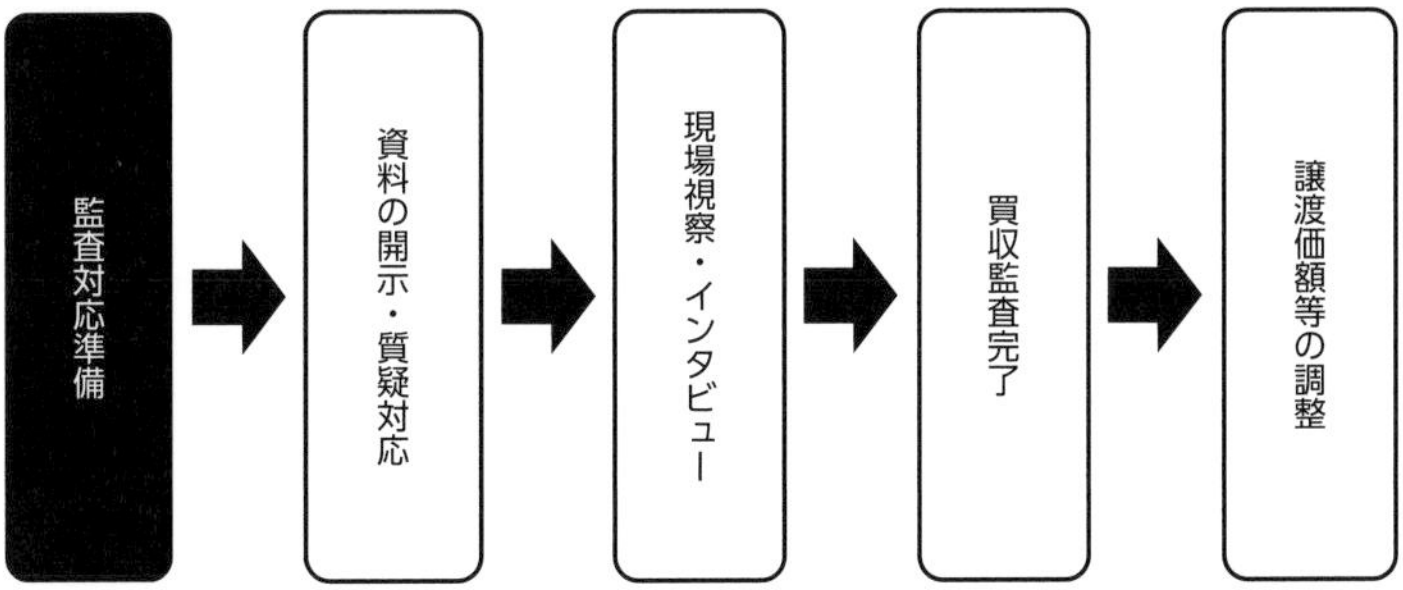

デューデリジェンスとは、買手が企業概要書、決算書など開示された資料に基づく質疑応答、両者面談などの情報を踏まえて行った判断について、その実存性や正確性について可能な限り確認し、見えないリスクを減らし、買手の最終的な意思決定に資する情報を提供するものです。

中小M&Aにおいて行われるデューデリジェンスには、事業性を検証するビジネス・デューデリジェンス、会計面と税務面のリスクを把握する財務デューデリジェンス、取引先との契約や労務面などのリスクを把握する法務デューデリジェンスなどがあります。

ビジネス・デューデリジェンス

ビジネス・デューデリジェンスは、売手の会社の事業を理解してその強みや弱みの所在を明らかにすると同時に、将来の可能性やリスクを考察し、定量面、定性面の双方から事業性を検証するものです。

中小M&Aでは、ほとんどのケースで買手の社内スタッフが行います。

財務デューデリジェンス

財務デューデリジェンスでは、会計面と税務面の確認が行われます。

会計面では、会計処理の妥当性、正常な収益力の把握や純有利子負債の把握、純資産に影響を与える事項の確認、簿外資産・負債の有無、その他の偶発債務（係争中の事件、訴訟リスクのあるクレーム等）を確認、税務面では、税務処理の妥当性や税務リスクの把握、過去における税務調査の有無を確認することになります。

法務デューデリジェンス

法務デューデリジェンスでは、定款や登録等の確認、法的手続きの妥当性、販売や仕入れなど、ビジネスに関する契約書の確認、顧客からのクレームや従業員とのトラブル、係争中の事件の有無を確認します。

●デューデリジェンス(Due Diligence)とは、企業概要書に基づく質疑応答、両者面談などの情報を踏まえて行った判断について、現物の資料などで、その実存性や正確性、そして、最新の詳細な状況を調査しリスクを確認します。

●デューデリジェンスには、組織や財務活動の調査をするビジネス・デューデリジェンス、財務内容のリスクを把握する財務デューデリジェンス、定款や登記事項、取引契約などの法的なものをチェックする法務デューデリジェンスなどがあります。

●買手は専門家へ委託して行います。

財務デューデリジェンスのポイント

・実態純資産の把握
・正常収益力の把握
・偶発債務、簿外債務の有無
・保有資産の時価評価
・事業計画の妥当性
・会計処理の正確性

法務デューデリジェンスのポイント

・会社、事業が適法に成立
・株主の正統性
・法令違反
・重要な契約書のチェンジオブコントロール条項の有無、影響
・労務に関する規定や契約、環境、未払い残業
・訴訟紛争及びクレーム

中小の多くで問題となるのが、退職金や未払い残業などの労働債務に関する事項です。退職給付引当金を計上していない場合、未払い残業がある場合、大幅に純資産、損益が悪化することも想定され、致命的な結果となることがあります。

これ以外には、多店舗での事業を運営している場合、店舗の原状回復費用を見込んでおらず、資産除去債務を計上していないことから、実態純資産が大幅に悪化するケースもありました。

その他のデューデリジェンス

譲り受け対象会社や事業が工場施設を有し製造を行っている場合、土壌調査などの環境デューデリジェンスを行うこともあります。事

業活動によっては汚染水の排出や土壌汚染等により環境へ悪影響を及ぼす環境リスクが生じている可能性があり、環境リスクが顕在化した場合にはその原状回復義務の負担や公害訴訟に関するリスクが発生することも想定されます。

デューデリジェンスの費用

買手は、デューデリジェンスに費用をかけます。一般的にデューデリジェンスを行うには、社内の人員体制だけでは難しいことから、財務会計・税務の専門家、法務の専門家などに依頼して行うことになります。

このデューデリジェンスの費用は投資のコストとして見られ、デューデリジェンスに入るということは、案件を真剣に進めているということになります。

中小M&Aでは、このデューデリジェンスを端折《はしょ》る買手がいますが、何らのリスクも認識せずに行うM&Aはトラブルのもとになります。

価格調整と最終条件の合意

デューデリジェンスの結果、買手が会社や事業を譲り受けるにあたって、改善しておいてもらいたい課題があれば最終条件において落としどころを決める交渉をすることになります。また、直近の業績の悪化や基準とした正常収益力・純資産に修正があればM&A価格の調整ということにもなり、非常にデリケートな交渉となります。

デューデリジェンスの完了と同時に、M&A価格や買収の条件に関する調整もないままに株式譲渡契約及び付帯契約を提示してきた買手がありました。買手が一方的に提示した契約内容に売手のオーナー家族が反対し、その修復に1カ月かかったケースがありました。

デューデリジェンス完了後のM&A価格や買収の条件に関するその調整は、基本合意以上に慎重に行うべきです。もう大丈夫だろうとの買手の思い込みで一方的に進められてしまうと、落とし穴があります。

最近ではデューデリジェンス完了後に価格調整が行われるケースが増えています。新型コロナウイルス感染症の影響からか、前期の決算から直近の業績が大幅に悪化しているケースが増えています。このため、直近でお手伝いする案件では、前期の決算を基準として譲り受け価格を算定していたが、デューデリジェンスを経て、正常収益力が悪化していることから、価格を下げるケースがあります。運送業などの労働集約産業では、働き方改革に伴う労働時間等の改正を守れず、未払い残業が推認されるケースも増えており、これらも価格調整の要因となっています。

買収監査段階で税理士に求めるセカンドオピニオン

買収監査においては、税理士への質問や依頼事項が多く発生します。そのため、通常は税理士に財務デューデリジェンスの対応を業務としてお願いする中で、買手から質問された事項への対応もしてもらい、都度、税理士にセカンドオピニオンを求めていくということになります。

財務デューデリジェンスで質問される次のようなことは、税理士に回答を依頼することになります。

- 実態純資産を把握するための質問
- 正常収益力を把握するための質問
- 偶発債務、簿外債務の有無
- 保有資産の時価評価
- 事業計画の妥当性
- 会計処理の正確性

中小M＆Aの場合は、次のような法務面での対処を税理士にお願いすることもあります。

- 会社、事業が適法に成立しているのか
- 株主の正統性

・労務に関する規定や契約、未払い残業の有無等

デューデリジェンスを受けての価格調整の妥当性、買手から提示された最終条件については必ず専門家に確認すべきです。この段階から弁護士に依頼することもありますが、中小企業の場合は税務面からの意見を必ず税理士から受けておくべきです。

4．最終契約段階

価格等の最終条件が固まるとM&Aのクライマックスとなる最終契約の段階となります。基本合意が交渉の経過や中間的な合意を確認するための書面であるのに対し、最終契約とは、M&Aの最終段階で当事者間における最終的な合意事項を記した契約書となり、それ以前の合意はこの契約書によってその効力を失います。つまり、M&Aの最終合意ということになります。そして、最終契約に記載されたクロージングが完了した時点でM&Aのロードマップは完結します。（181ページの図）

中小M&Aの場合、最終契約として株式譲渡契約、事業譲渡契約がありますが、それぞれ会社、案件の内容によって個別性が強いものでもあり、ここでは、一般的な株式譲渡契約について、その全体像と留意すべき項目について取り上げておきます。

株式譲渡	・譲渡対象となる株式の特定とその譲渡の合意
譲渡対価	・譲渡対価の額または計算方法 ・価格調整がある場合には、その計算方法
クロージング	・クロージング（取引実行）時に、売り主・買い主がそれぞれ行うべき事項 ・売り主から買い主に対する株券の交付 ・買い主から売り主に対する譲渡対価の支払
クロージングの前提条件	・売り主・買い主がそれぞれクロージングを実施する義務を履行するにあたって充足されているべき前提条件の規定 ・ここでいう義務とは、通常、売り主であれば株式を譲渡する義務、買い主であれば譲渡対価を支払う義務 ・売り主・買い主は、自己の義務履行の前提条件が充足されない場合には、クロージングを行わないことができる（一般にwalk awayといわれる）
表明保証	・売り主・買い主がそれぞれ相手方に対して、一定の事項が真実かつ正確であることの表明・保証
誓約	・売り主・買い主がそれぞれ相手方に対して、買収に付随・関連して、一定の行為をすることまたはしないことを約する合意
補償	・売り主・買い主に自らの表明保証または誓約に違反があった場合、相手方に対して負う補償義務の内容
解除	・売り主・買い主は、相手方の契約違反や契約締結の前提となっていた事実関係に変更が生じた場合、契約を履行せずに終了させたい場合も生じ得ることから、解除に係る規定が設けられる
一般条項	・秘密保持、準拠法、管轄等

森・濱田松本法律事務所『M&A契約　モデル条項と解説』を参考に作成

株式譲渡契約書（上記の図）

株式譲渡

株式を譲渡する旨の規定は、株式譲渡契約の根幹をなす規定であり、この契約に規定する前提条件が満たされなければ株式譲渡が行われないことを規定しています。

譲渡対価

株式譲渡契約における必須の要件であり、譲渡対価の合意なく成立しません。

複数の株主がいる場合、その株数と金額はチェックしてください。

クロージング

この条項は、株式譲渡の実行に関わる手続きを規定するもので、クロージングとは、売買代金の受渡日となるクロージング日までに行うべき一連の手続きを契約通りに完了させることを

表明保証とは、各当事者が一定の事項が真実かつ正確であることを相手方当事者に対して表明し、保証するもので、当事者の特別な合意としての「損害担保契約」（一定の事由が生じた場合に表明保証者の故意または過失にかかわらず責任が生じるとの合意）とされています。

・設立及び存続（日本法に基づき適法かつ有効な設立）
・株式に関する権利（株式の適法かつ有効な保有、潜在株式の不存在）
・本契約の締結及び履行（必要な権利及び行為能力）
・倒産手続き等の不存在
・反社会的勢力
・計算書類等（会計帳簿の正確性、簿外債務の不存在）
・法令順守（法令等の違反の不存在）
・資産（事業用資産の適法な使用及び所有）
・契約等（契約等の適法かつ有効な締結）
・人事労務（未払い労働債権、争議、クレーム、労基署指導等の不存在）
・公租公課（必要な申告、届け出、税金の未払い）
・保険（資産を対象とする損害保険）
・環境（廃棄物、土壌汚染、水質汚濁等の法令順守）
・紛争（訴訟、クレーム等の不存在）

いいます。

クロージングの前提条件

この条項は、売手及び買手がクロージングの手続きを行うための前提となる義務の履行が規定されます。

前提条件の内容が、デューデリジェンス完了後に調整した条件と差異がないかをチェックしてください。

表明保証

表明保証とは、各当事者が一定の事項が真実かつ正確であることを相手方当事者に対して表明し、保証するもので、債務不履行責任ではなく、当事者の特別な合意としての「損害担保契約」（一定の事由が生じた場合に表明保証者の故意または過失にかかわらずに責任が生じるとの合意）とされています。（上記の図）

表明保証は、デューデリジェンスを受けて記載される事項もあり、長文となっていますが、必ずその内容を確認し、当事者間の認識に差異がないかチェックしてください。

- 設立及び存続（日本法に基づき適法かつ有効な設立）
- 株式に関する権利（株式の適法かつ有効な保有、潜在株式の不存在）
- 本契約の締結及び履行（必要な権利及び行為能力）
- 倒産手続き等の不存在
- 反社会的勢力
- 計算書類等（会計帳簿の正確性、簿外債務の不存在）
- 法令順守（法令等の違反の不存在）
- 資産（事業用資産の適法な使用及び所有）
- 契約等（契約等の適法かつ有効な締結）
- 人事労務（未払い労働債権、争議、クレーム、労基署指導等の不存在）
- 公租公課（必要な申告、届け出、税金の未払い）
- 保険（資産を対象とする損害保険）
- 環境（廃棄物、土壌汚染、水質汚濁等の法令順守）
- 紛争（訴訟、クレーム等の不存在）

誓約

買収に付随・関連して、各当事者が、相手方当事者に対して一定の行為をすること、またはしないことを約する合意です。

ここでは、クロージング後の努力義務なども記載されます。この内容についてもデューデリジェンス完了後に調整した条件を踏まえてチェックしてください。

補償

M&A当事者のいずれかに株式譲渡契約の表明保証違反、誓約事項違反またはその他の義務違反があった場合に、当該違反による損害を補償または賠償等する旨の合意です。

解除

契約の締結後、相手方の契約違反や契約締結の前提となっていた事実関係に変更が生じた場合には、契約を履行せずに終了させたい場合も生じることから、一般的に契約解除に関わる規定が設けられます。

一般条項

秘密保持、公表、準拠法、通知、費用などの一般的な条項が記載されます。

アーンアウト条項

ここまで一般的な株式譲渡契約についてみてきましたが、譲渡価格の調整方法として、アーンアウト条項（earn-out）が利用されることがあります。株式譲渡契約の留意すべき項目の最後に、このアーンアウト条項にふれておきます。アーンアウト条項は、契約締結後の将来の特定の事象または取引の結果に依存して、取引実行後に譲渡価格の一部を追加的に交付もしくは返還される取り決めのことをいいます。

売手にとっては、満足する譲渡価格が支払われる機会となり、買手にとっては、過去の実績と将来の業績予測だけではなく、一定の範囲となりますが、実績に応じて支払うことが可能になり払い過ぎのリスクを低くできます。

アーンアウトの課税上の取り扱いは、税法や通達等で明確に定まっていないことから、実務上様々な取り扱いがされている場合があり、慎重に検討することが必要となります。

クロージング

最終契約の内容に合意すると、最終契約の締結へと進み、取引の実行であるクロージングへと進みます。

M＆Aでは、最終契約の締結からクロージングまでの間に一定の期間が設けられます。この期間を設けるのは、最終契約を締結後、従業員と取引先などに対して今回のM＆Aの目的や買手のことを説

最終契約段階

●デューデリジェンスの結果を受けた価格・条件の調整などをクリアすると、最終契約段階となります。
●最終契約書の擦り合わせ、最終契約書の締結、そして、クロージングによって M&A は完了します。
●最終契約の擦り合わせでは、これまでの交渉内容がきちんと反映されているか、表明保証、補償などの条項が著しく不利になっていないかなど、慎重に確認することが大切です。
●取引先等の承諾が必要となる事業譲渡などの場合は、最終契約書の締結から取引実行までに時間（取引先の承諾などで2～3カ月）がかかることもあります。

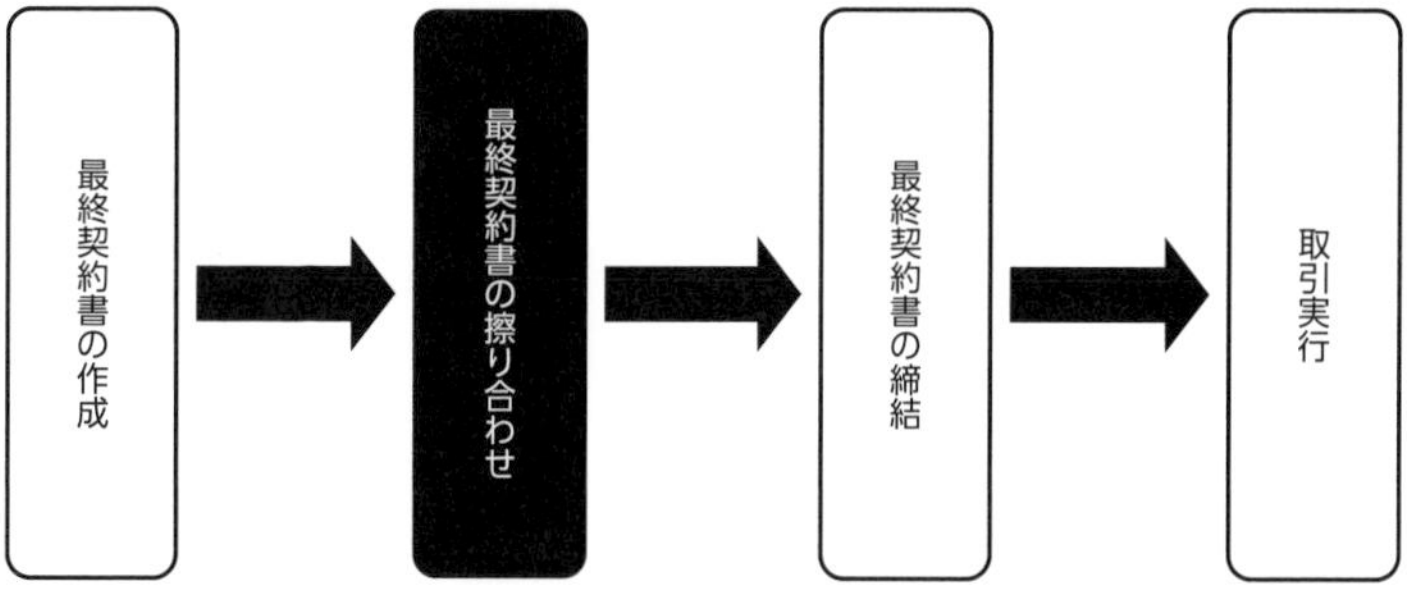

明し、納得や承諾を得ることが必要となるためです。

　クロージング日までに行うことの中でも重要なのが、従業員への説明です。

　オーナーがＭ＆Ａによって引退する場合には、大切な従業員へ自らの言葉でＭ＆Ａについての説明を行い、自身の思いを伝え、これからも新しい体制のもとで変わらずに頑張ってほしいというオーナーの願いを伝えるもので、中小Ｍ＆Ａにとって本当のクライマックスになります。

　多くのオーナーは、この従業員への説明を終えると重責から解放される感覚を覚えるようです。

　取引先への説明も無事に終了し、株式と譲渡代金の受け渡しが行われることでクロージングが完了となり、M&Aが成立となります。

最終契約段階で税理士に求めるセカンドオピニオン

この段階では、最終契約書の内容の確認が主となります。特にクロージングの前提条件と誓約事項、表明保証の内容は確認してもらってください。

アドバイザーは、クロージング後も注視している

クロージングによってM&Aは完結しますが、最終契約において規定されていることが守られるか、アドバイザーは、対象会社の経営がスムーズに滑りだすまで注視しています。最近は、M&A後の統合支援の必要性が叫ばれていますが、そこまで本格的に関わることは少ないです。

特に引き継ぎのため経営者が一定期間そのまま執行を継続する場合は気を使います。上場企業の場合はありませんが、中小企業同士のときは経営者保証が残るケースがあります。契約上は努力義務として明記され、売手側のオーナーに類が及ぶことのないよう買手の保証も取りますが、引き継ぎが終わるまで解消されないこともあります。こうしたケースの場合、オーナーが退く日までアドバイザーは折につけ引き継ぎの状況を注視しています。

私たちがお手伝いをしたある会社では、株式譲渡の時点では経営者保証を継続していました。それは、引き継ぎ期間を半年として、その間は経営に携わっていたからです。このケースでは退任をした時点で経営者保証は解消されました。経営者保証の解消に関する一連の動きを見届けて心理的には区切りがついたことを覚えています。

この章の終わりに、税理士と共に進める事業承継型M&Aは、税理士のセカンドオピニオンが、M&Aを進める中で発生しがちなリスクを未然に防止することに貢献することをご理解いただけたかと思います。特に中小M&Aの中でも専門家への費用が限られる小規模企業者のM&Aにおいては、税理士とアドバイザーによるチーム対応によって、様々な視点からのリスクを回避していくという進め方が望ましいのです。

第7章

M&A価格の決まり方

1. 中小M&Aにおける企業価値評価

この章では、M&A価格の決まり方について、中小M&Aの株式価値算定においてよく用いられる価値の評価方法を説明します。章の後半では、「中小M&Aガイドライン」に準拠して記載し、ご自身でも簡便に参考値を算出できるよう工夫しました。

ただし、ご自身で自社の価値評価を試算する場合は、この章で紹介する方法が簡易的な価値評価の代表的な方法であり、いくつもの要素を踏まえた本格的な価値評価とは違うということを前提に行ってください。

M&Aの価格は一物多価

ここに赤字の会社があります。

営業赤字の会社は、事業をすればするほど資産が減っていきます。すぐに事業をやめ、会社を清算して少しでも残余財産を残したほうが賢明ともいえます。つまり、理論上は純資産を上回る価値はないものと考えられます。

しかし、M＆Aという視点で価値を評価すると、純資産を超える価値がつけられることがあります。M＆Aを考えている買手は、理論上の価値を求めているのではなく、M＆Aによって実際に自社に利益をもたらしてくれる会社が欲しいのです。したがって、M＆A価格を考えるときは、理論上の価値というのは意味を持ちません。

重要なことは、買手の目線は常に将来を見ているということです。売手がどんなに赤字であろうと、将来は黒字化するという見込みがあれば、買手はその会社を評価してくれます。その反対に、売手にも買手を選ぶ権利があり、どんなに高い価格を提示されても相性が悪ければ成立しないのがM＆Aです。

このようにM＆Aの価格は、結局のところ買手と売手の合意でのみ決まるのです。その意味で、M＆A価格は一物多価ということです。

希望譲渡価格

M＆Aでは、それぞれが自社の価格の正当性を主張しても、双方の期待値の範囲に入らなければ、そもそも価格の交渉にすら入れません。

例えば、事業の生み出すキャッシュフローに比べて不動産などの資産の価値が高い場合は、投資しても回収できないと買手が考えれば見送られ、交渉のテーブルにもつけないのです。

このような事態にならないよう事前に売手の期待値を調整するため、予備的株式価値算定と呼ばれる希望譲渡価格の算定が行われます。

希望譲渡価格の算定には、自社の理論上の株価を知っておくという意味と、売手の希望と買手の狙いを想定し、双方の期待値を事前に調整しておくという2つの意味があります。

ですから、正常収益力と資産の時価を洗い出した結果、売手の希望と想定される買手の期待値が懸け離れている場合は、スキームの選択自体を見直すということもあります。

ここで、M&Aの決め手ともなる売手の期待値と買手の期待値について考えてみたいと思います。希望譲渡価格も、この売手と買手の期待値によって大きく左右することがあります。M&A価格が一物多価といわれるゆえんです。

売手の期待値は、高く売れないか

売手には、創業からこれまで小さいながらも経営してきた自負があり、自分なりの価格イメージを持っており、これぐらいの評価は当然というプライドもあります。

そして、近隣の同業者などでM&Aを行ったケースがあると、その話が伝わり、自分の会社と比較してどうだろう、もっと高く評価してもらえるのでは、ということもあります。

また、売手である創業社長の奥様からは「引退後の資金として、これだけは確保して」という希望も出されるかと思います。これらの期待値が希望譲渡価格の算定おいて反映されることがあります。

買手の期待値は、「欲しい」ものが安く買えないか

買手としては、譲渡対象となる会社や事業が「どうしても欲しい」か、ということが何よりも大事な条件となります。その上で、投資金額と回収期間を踏まえた投資採算性、自社の支払能力、また昨今では、のれん償却が検討の俎上《そじょう》に上がります。

しかし、何よりも「欲しい」という意欲の強度が、価格を決めることになります。

価値の評価方法によって算定される理論上の価格に、売手と買手の期待が乗って、Ｍ＆Ａの価格は決まります。売手にとっては、売手の会社や事業をどうしても欲しいという買手をいかに見つけるか、それによって合意される価格も変わってくるのです。

「企業価値評価ガイドライン」の3つのアプローチ

Ｍ＆Ａ価格の決め方について、日本公認会計士協会が「企業価値評価ガイドライン」という指針を定めています。企業価値評価、事業価値評価、株式価値評価をする場合、このガイドラインの中に記載されている３つのアプローチから、それぞれの対象に合わせて適用されます。（１９０ページの図）

日本公認会計士協会が公表している「企業価値評価ガイドライン」に提示されている評価の方法

評価アプローチ		評価方法	特徴
インカム・アプローチ	評価対象会社から期待される利益、ないしキャッシュフローに基づいて価値を評価する方法	DCF法	将来創出すると期待されるキャッシュフローを現在価値に割り引いて事業価値ないしは株式価値を算定する方法
		収益還元法	適正利益を現在価値に割り引いて事業価値ないしは株式価値を算定する方法
		配当還元法	将来期待される配当金を現在価値に割り引いて株式価値を算定する方法
マーケット・アプローチ	上場している同業他社や、評価対象会社で行われた類似取引事例など、類似する会社、事業、ないし取引事例と比較することによって相対的な価値を評価する方法	市場株価法	上場会社の株価を株式価値とする方法
		類似会社比較法	上場類似会社の時価総額ないしは事業価値と財務数値との倍率を基に、評価対象会社の株式価値を算定する方法
		類似取引比較法	類似する取引と財務数値等との倍率を基に、評価対象会社の株式価値を算定する方法
コスト・アプローチ	評価対象会社の貸借対照表記載の純資産に着目して価値を評価する方法	簿価純資産法	評価対象会社の貸借対照表記載の純資産を株式価値とする方法
		時価純資産法	評価対象会社の資産及び負債を時価評価し株式価値を算定する方法

「企業価値評価ガイドライン」について概要だけを説明しておきます。ただし、中小M&Aでは、この中でも特定の評価方法に絞って用いられるケースが多くなっています。

「企業価値評価ガイドライン」では大きく3つのアプローチと8つの評価方法が指針として定められています。そして、次に挙げる項目がM&A価格の評価において適用すべき順番で記載されています。

企業価値は、その会社や事業が生み出すキャッシュフローの現在価値であると考えられています。このような考え方から第一にインカム・アプローチによる評価が適用できるかを考え、それが難しい場合には、インカム・アプローチの補完的な評価方法であるマーケット・アプローチを用いることになります。

ただし、インカム・アプローチは、経営環境が不確実で事業計画の合理性が担保できない場合には必ずしも適合しないことから、中小M＆Aでは多く用いられません。

なお、マーケット・アプローチでも価値の評価が難しければ、コスト・アプローチ（ネットアセット・アプローチ）による評価となります。

インカム・アプローチ

インカム・アプローチとは、評価対象会社から期待される利益、ないしはキャッシュフローに基づいて価値を評価する方法です。具体的には、DCF法（ディスカウントキャッシュフロー法）、収益還元法、配当還元法があります。

インカム・アプローチは会社や事業が生み出すキャッシュフローに基づいて価値を評価する方法で、その中でもDCF法はM＆A価格を算定するのにもっとも適していると考えられています。それは、事業価値の評価にあたって用いられる事業計画では、将来性やシナジー効果などが反映されるからです。

ここで簡単にDCF法の考え方について触れておきます。

M＆Aを投資と考えると、投資採算性によって採否、初期の投資金額などが決まります。M＆Aの場合は、投資判定の尺度となるのが、事業が生み出すキャッシュフローです。

キャッシュフローとは、一定期間に会社に入る資金（キャッシュインフロー）と出ていく資金（キャッシュアウトフロー）の総称です。現金の流れを意味し、主に、企業活動や財務活動によって実際に得られた収入から、外部への支出を差し引いて手元に残る資金の流れのことをいいます。また、その差として求められる資金の増減は、財務の健全性を示す指標の一つとして用いられます。

事業が生み出すキャッシュフローの中でも重視されるのが、フリーキャッシュフローです。フリーキャッシュフローとは、会社の営業活動が生み出した税引き後のキャッシュフローであり、負債提供者と株主資本の提供者に帰属するキャッシュフローの合計です。調整後営業利益（ＥＢＩＴ）からみなし法人税額を差し引いたみなし税引後営業利益（Net Operating Profit Less Adjusted Taxes：ＮＯＰＬＡＴ）を基に計算されます。

このＮＯＰＬＡＴから純投資額を差し引いたものが、フリーキャッシュフローになります。純投資額とは、事業用資産への新規投資から、減価償却や除却により減少した資産を差し引いた数字で、投下資産の増加額になります。この投下資産の増加額には、有形固定資産、その他の事業用固定資産、そして、運転資金の増加分なども含められます。

一般的には、営業活動から生み出された「営業キャッシュフロー」から設備投資や企業買収に充当される「投資キャッシュフロー」を差し引いたキャッシュフローに近似の概念です。

M&Aの投資判断においては、このフリーキャッシュフローが将来どのようになるのか、ということが投資の判定に大きな影響を与えます。つまり、売手としては、このフリーキャッシュフローを意識して経営することが、M&Aに成功する鍵ともなります。

フリーキャッシュフローの計算は、営業活動によるキャッシュフローから、投資活動によるキャッシュフローを差し引いたものと捉えておけば、まずは十分です。フリーキャッシュフローがプラスなら、本業の稼ぎで投資を賄えているといえるので、無理のない経営をしていると言えます。

DCF法

このフリーキャッシュフローの将来予測をベースとして、企業価値の評価を算定するのがDCF法となります。

フリーキャッシュフローの将来予測の合計額を「企業価値」と呼ぶことがありますが、10年後のキャッシュと現在のキャッシュの価値は同じではなく、将来のキャッシュのほうが低い価値と想定されます。

なぜなら、資本にはコスト（金利）がかかるため、時がたてばたつほど資本コストは積み重なり資本が目減りします。このように「資本は目減りする」という点に着目して、将来のキャッシュフローを現在の価値に引き戻す方法を「割引キャッシュフロー」「ディスカウントキャッシュフロー」といいます。

例えば、あなたがアパートを新築して部屋を貸すとします。部屋数が10部屋あるとして、毎年960万円のキャッシュフローがあるとします。これを一つの事業として、あるいは企業体と見なすことができるのはおわかりいただけると思います。

仮に毎年のキャッシュフローを現在価値に割り戻す際の割引率を5％として、この事業の価値を算出すると、1年後のキャッシュフローの960万円を現在価値に割り戻してみると、960万÷（1＋0・05）で914万円となります。2年後の960万円の現在価値は同様に870万円と計算されます。

こうして算出される毎年のキャッシュフローの現在価値を足し合わせていくと1億9200万円という事業価値、すなわち企業価値が計算されます（数学的には、960万円を5％で割って、1億9200万円を算出することもできます）。

これは、次のように考えたほうがわかりやすいかもしれません。金融資産を1億9200万円持っている人が年5％で運用すれば、毎年960万円を手にします。これとアパート事業の価値は等しいことから、アパート事業の価値は1億9200万円と算出されるのです。つまり、割引率は期待収益率（＝期待リターン、expected returns）と同じものを指しています。

さて、あなたがこのアパートを全額自己資金で建てたのでしたら、すべてこの1億9200万円はあなたに帰属します。しかし、そのうちの一部を借入金で賄ったのだとしたら、1億9200万円から、債権者に返済すべき元本と金利を差し引いた後の部分が、株主であるあなたに帰属する価値ということになります。

M&Aにおける企業価値評価においては、このような考え方をするのが一般的です。

理論的には、DCF法こそが正しい株式価値算定の方法ですが、一つ欠陥があります。それは、将来のキャッシュフローを予測するのが難しいということです。評価を行う人の恣意《しい》によって、恣意的に高めに見積もったり、低めに見積もったりしてしまうリスクも付きまといます。

そのため、上場会社に比べて業績の変動要因が多く、将来のキャッシュフローの予測精度が低いと考えられる中小企業の価値評価の方法としてはあまり用いられません。

このような欠陥があるにしろ、DCF法は他の方法に比べてもっとも理論的に株式の価値を計算できる方法です。したがって、実務の世界でも、少なくとも国際的にはDCF法が主流となっています。

例えば、ある会社が他の会社を買収しようとする場合、買収をかける会社は自社の株主に対して買収価格が妥当である旨を説明できなくてはなりません。特に投資家は、理論的な部分にあやふやな株式評価には納得してくれません。したがって、実務の世界でもおのずとＤＣＦ法が適用されることが多くなっています。

ＤＣＦ法について詳しく知りたい方は、「企業価値評価」に関する多くの出版物がありますので、そちらを一読されることをお勧めします。

前述したように中小企業においてフリーキャッシュフローの将来見込みを想定しても変動要因が多く、見込みの精度も低くなります。そのため、中小Ｍ＆Ａにおいては、多くのケースで次に紹介するマーケット・アプローチによる価値評価を行っています。

マーケット・アプローチ

マーケット・アプローチとは、上場している同業他社や、評価対象会社で行われた類似取引事例など、類似する会社、事業、ないし取引事例と比較することによって相対的な価値を評価する方法です。具体的には、市場株価法、類似会社比較法、類似取引比較法があります。

中小Ｍ＆Ａでは、類似会社比較法、その中でもＥＢＩＴＤＡ倍率を適用した手法が多く用いられます。これについては、この後より詳しく見ていきます。

コスト・アプローチ

コスト・アプローチとは、評価対象会社の貸借対照表記載の純資産に着目して価値を評価する方法です。具体的には、簿価純資産法、時価純資産法があります。

中小M&Aにおいては、事業が生み出すキャッシュフローが限られ、どちらかといえば不動産などの資産を評価する場合に適用されます。

不動産M&Aなどでは使われますが、コスト・アプローチで算定されたM&A価格で成約したケースは、経験としてはあまりありません。

中小M&Aにおいて適用される評価方法は、中小企業では事業にインパクトを与える要因が多過ぎて将来の利益予測やキャッシュフロー予測が難しく、将来を評価するという意味で本来なら適用すべきインカム・アプローチの採用が難しいため、マーケット・アプローチによる評価が適用されるケースが多くなっています。

このことは、「中小M&Aガイドライン」にも以下のように記載されています。

「中小M&Aでは、「簿価純資産法」、「時価純資産法」又は「類似会社比較法（マルチプル法）」といったバリュエーションの手法により算定した株式価値・事業価値を基に譲渡額を交渉するケースが多いが、事例ごとに適切な方法は異なるため、相談先の支援機関に相談の上、各事例において選択することが望ましい。

また、算出された金額が、必ずそのまま中小M&Aの譲渡額となるわけではなく、交渉等の結果、「簿価純資産法」又は「時価純資産法」で算出された金額に数年分の任意の利益（税引後利益又は経常利益等）を加算する場合等もあり、当事者同士が最終的に合意した金額が譲渡額となるということを理解されたい。」

中小M&Aにおいてよく用いられる3つの価値評価方法

1．類似会社比較法の中でもEV／EBITDA倍率を適用した評価方法

類似会社比較法とは、対象会社に類似した上場会社の企業価値及び財務指標から算定した評価倍率を基に、対象会社の株式価値を算定する手法です。評価倍率を算定するための指標として「EBIT」「EBITDA」等がありますが、中小M&Aにおいては、EBITDAを用いた手法が多く用いられています。（200ページの図）

2．時価純資産法

時価純資産法とは、貸借対照表の資産・負債を時価評価（例えば、棚卸し資産の場合、実存性や評価の妥当性等を検証して、時価評価を行う）し、また、貸借対照表に計上されていない簿外資産・負

債（例えば、保険の解約返戻金や退職給付債務等）も時価評価して算定した純資産を株式価値とする手法です。

ただし、時価の算定等にコストや時間を要するケースもあり、中小M&Aにおいては、資産・負債のすべてを時価評価するのではなく、株式価値の評価への影響が大きく、比較的時価が把握しやすい不動産や有価証券といった一部の資産・負債のみ時価評価する「修正簿価純資産法」を用いるケースが多いようです。

3．多くのM&A仲介会社が適用している年倍法

時価純資産法によって算出した純資産に、数年分の任意の利益を加算した金額をM&A価格とする手法です。

「中小M&Aガイドライン」では年倍法については「参考」とされています。しかし、簡便な評価方法として多くの中小M&A仲介会社が採用しています。ただし、年倍法には理論的な裏付けはなく、無批判的に会社や事業の将来を評価するのに用いるべきでないとされています。

しかし、多くのケースで採用されていることを考えると、この年倍法を除いてしまうことは現在の中小M&Aの現場では適切ではないとも考えています。

ただ、買手が投資に際してM&A価格を算定しようとする場合に、特に上場企業では、この評価方

中小M&Aの現場において、私たちが株主価値を評価する方法としてよく適用しているのは、コスト・アプローチにおける時価純資産法とマーケット・アプローチにおける類似会社比較法(その中でも、EBITDA倍率)の2つになります。
この2つに加え、仲介会社方式といわれる年倍法があります。

時価純資産法(修正簿価純資産法:再調達または清算処分)
= 修正した資産額－修正した負債額

類似会社比較法の中でもEV/EBITDA倍率を適用した評価方法
=(評価対象会社EBITDA×倍率)－有利子負債＋現預金

年倍法(多くのM&A仲介会社が適用している評価方法)
= 時価純資産＋営業権(正常利益×一定年数)

法が適用されない場合が多く、価格が乖離し交渉が頓挫することもあります。

EVとEBITDA

ここで聞き慣れない言葉として、EV、EBITDAという略語が出てきましたが、これについて簡単に説明しておきます。中小M&Aで多く使われる価値評価のキーワードで、特に、EBITDAは会社や事業が生み出すキャッシュフローを表す、評価の基準となる指標です。(201ページの図)

EVとは、**Enterprise Value** の略であり、金融市場から見た企業全体の時価総額といえ、企業のステークホルダーのうち、ファイナンシャルステークホルダー(有利子負債の債権者及び

EVとは、Enterprise Valueの略であり、以下のように定義されます。
金融市場から見た企業全体の時価総額といえ、企業のステークホルダーのうち、ファイナンシャルステークホルダー（有利子負債の債権者及び株主）が把握している価値の合計を意味しています。

EV　＝　株式時価総額＋有利子負債＋非支配株主持ち分(少数株式持ち分)

EBITDAとは、Earnings Before Interest, Taxes, Depreciation and Amortization の略であり、税引き前、利払い前、償却前の利益のことで、以下のように定義されます。
事業から得られる利益に対して減価償却費等を加算したという点で、事業から得られる税引き前のキャッシュフローに近い概念となっており、税率、資本構成、減価償却やのれん償却方法の違いなどによる影響を受けないため、収益性の企業間比較に関する指標として用いられています。

EBITDA　＝　営業利益＋減価償却費＋無形固定資産償却費

株主）が把握している価値の合計を意味しています。

ＥＢＩＴＤＡとは、**Earnings Before Interest, Taxes, Depreciation and Amortization** の略であり、税引き前、利払い前、償却前の利益をいいます。

事業から得られる利益に対して減価償却費等を加算したという点で、事業から得られる税引き前のキャッシュフローに近い概念となっており、税率、資本構成、減価償却やのれん償却方法の違いなどによる影響を受けないため、収益性の企業間比較に関する指標として用いられています。

2. 簡易的企業価値評価

ここからは、簡易的になりますが、「中小M&Aガイドライン」と同様の図式を使い、自社のM&A価格をご自身で評価するための練習をしてみたいと思います。

簡易的にしろ、自分で自分の会社や事業のM&A価格を知ることができれば、廃業するべきか、M&Aを行うべきか、その判断をする上で参考になると思います。

ABC輸送という食品輸送の会社があります。（204ページの図）

本社は埼玉県、資本金1000万円、従業員36名、車両30台で乳製品や食肉などの冷凍・冷蔵食品を輸送している。直近の決算は、売上3億3000万円、営業利益1000万円と黒字で、貸借対照表の純資産も1億2300万円と積み上がっている優良会社です。

この会社の希望譲渡価格を算定してみましょう。

時価純資産法（修正簿価純資産法）

この会社を時価純資産で評価するにあたっても修正簿価純資産法を適用し、まずは時価が把握しやすい項目に絞って資産の内容を再調達価格、つまり時価で評価し直します。

205ページの図では、土地の含み損が3000万円ありマイナス、役員退職慰労金も引き当てが3000万円マイナス、保険の解約返戻金が2000万円プラスということで、これを足し引きすると時価純資産が8300万円となりました。

資産の中で流動資産は時価で評価しても短期的な動きがあることから、ほぼ簿価と同一の金額となります。ただし、仮払金、貸付金などがあり、回収が難しい、長期にわたるとなるとそもそもゼロと修正されることもあります。

また、就業規則に退職金規定があるのに退職金の引き当てがなされていない場合は、退職引当債務を負債に加算することになります。本格的に算出しようとすると一つひとつの勘定科目の内容を見て精査することが必要になります。

財産評価基本通達とは違い、M&Aにおける時価純資産は実質評価となります。業績が悪化し、営業赤字、EBITDAもマイナスという場合は、時価純資産を基準として交渉する場合もありますが、事業が生み出すキャッシュフローが赤字の場合、近い将来にわたって赤字が継続することも想定され、現時点の時価純資産よりも低く評価されることもあります。

M&A価格の評価では、事業の生み出すキャッシュフローが重視されることがわかると思います。

ある食品輸送会社を評価対象会社として、中小M&Aにおいてよく適用される価値評価方法で、予備的に株式価値（譲渡額）を算定してみます。

（単位：百万円）

会社概要

ABC 輸送株式会社

本社	埼玉県
資本金	1,000 万円
従業員	36 名
車両	30 台

冷凍・冷蔵食品輸送会社

貸借対照表

現預金 83	流動負債 30
営業債権 30	固定負債 100（借入金）
固定資産 140	純資産 123

損益計算書

売上 330
費用 305
減価償却費 15
営業利益 10

※記載数値の単位は百万円です。

正常収益力とＥＢＩＴＤＡ

時価純資産と並行して行うのが、営業利益の修正です。

役員報酬や役員保険、接待交際費など、オーナーに関連する費用の中で、譲渡に伴い必要がなくなるものを費用からマイナス修正します。オーナーであれば、こんなに費用をかけなくても大丈夫、などの判断はできると思いますので、ここまで削っても事業の運営に支障がないというように見直します。ただし、譲渡してオーナーが退任しても、通常は新しい社長が来るので、役員報酬を全額修正することはせずに、業界の適正水準にとどめるようにしてください。

２０６ページの図のように、役員報酬の減額、役員保険料の減額、接待交際費の減額で営

時価純資産とは、一定時点の簿価純資産を基準として、資産、負債の時価評価を行い算定します。財産評価基本通達で詳細に評価基準が定められている相続税法による評価と異なり、M&Aにおける時価純資産法は実質評価となります。

（単位：百万円）

簿価純資産

資産	負債
253	130
	純資産 123

修正貸借対照表（時価）	
資産（簿価）	253
負債（簿価）	▲130
簿価純資産	123

簿価純資産　123 ＝ 株式価値　123

土地の含み損 ▲30
保険の解約返戻金 ＋20

時価純資産

資産	負債
253	130
	純資産 123

役員退職金 ▲30

修正貸借対照表（時価）	
資産（簿価）	253
土地の含み損	▲30
保険の解約返戻金	＋20
負債（簿価）	▲130
役員退職金	▲30
時価純資産	83

時価純資産　83 ＝ 株主価値　83

単位は百万円です。

業利益１０００万円が２６００万円となりました。この費用の見直し、加算減算の修正されたものを修正利益と呼び、本来であれば生み出せる、正常な収益力として、これを基準に事業価値の評価を行います。

この修正利益に減価償却費を加算したものが、ＥＢＩＴＤＡになります。

なぜ、減価償却費を加算するかといえば、決算において実際にお金が動いていない費用、つまり、決算において事業が生み出すキャッシュフローとなるからです。

この図の場合は、減価償却費が１５００万円あり、修正利益２６００万円に１５００万円を足した金額がＥＢＩＴＤＡとなり、４１００万円となります。

役員報酬、オーナー関連経費などの費用項目を調整して、正常収益力=修正営業利益、EBITDAを算出します。費用項目の調整は、貸借対照表にも影響します。

（単位：百万円）

修正営業利益

役員報酬 ▲6
役員保険 ▲5
接待交際 ▲5

費用 320
営業利益10
売上 330

修正貸借対照表（時価）	
売上高	330
費用	▲320
役員報酬の減額	+6
役員保険料の減額	+5
接待交際費の減額	+5
修正営業利益	26

単位は百万円です。

EBITDA

役員報酬 ▲6
役員保険 ▲5
接待交際 ▲5
減価償却 ▲15

費用 320
営業利益10
売上 330

修正貸借対照表（時価）	
売上高	330
費用	▲320
役員報酬の減額	+6
役員保険料の減額	+5
接待交際費の減額	+5
減価償却費の減額	+15
EBITDA	41

EV／EBITDA倍率

本来の類似会社比較法であれば、上場企業から類似会社を選び、それぞれの上場企業の直近、1カ月の平均、3カ月の平均、6カ月の平均の株価を算出し、発行済み株式数に掛けて直近、1カ月の平均、3カ月の平均、6カ月の平均の時価総額を算出、有利子負債、現金、少数株主持ち分を足し引きして企業価値を算定、各社のEBITDAから企業価値／EBITDA倍率を算定します。

算定した倍率を平均したものをABC輸送の評価に適用するのですが、とても簡易にできることではありません。

ちなみに、会社四季報などを使うことで算出することは可能ですが、すぐにでもざっくりと自分の会社の事業価値が知りたいというときに

類似上場会社のEV/EBITDA倍率を使って評価対象会社のEVを求め、そこから有利子負債を引き、現預金を加えたものが株主価値となり、M&Aにおける譲渡額を想定します（ここでは、便宜的に5倍を用いています）。

（単位：百万円）

評価対象会社のEBITDA	×	類似上場会社のEV/EBITDA倍率	−	純有利子負債	＝	株主価値
41	×	5	−	17	＝	188

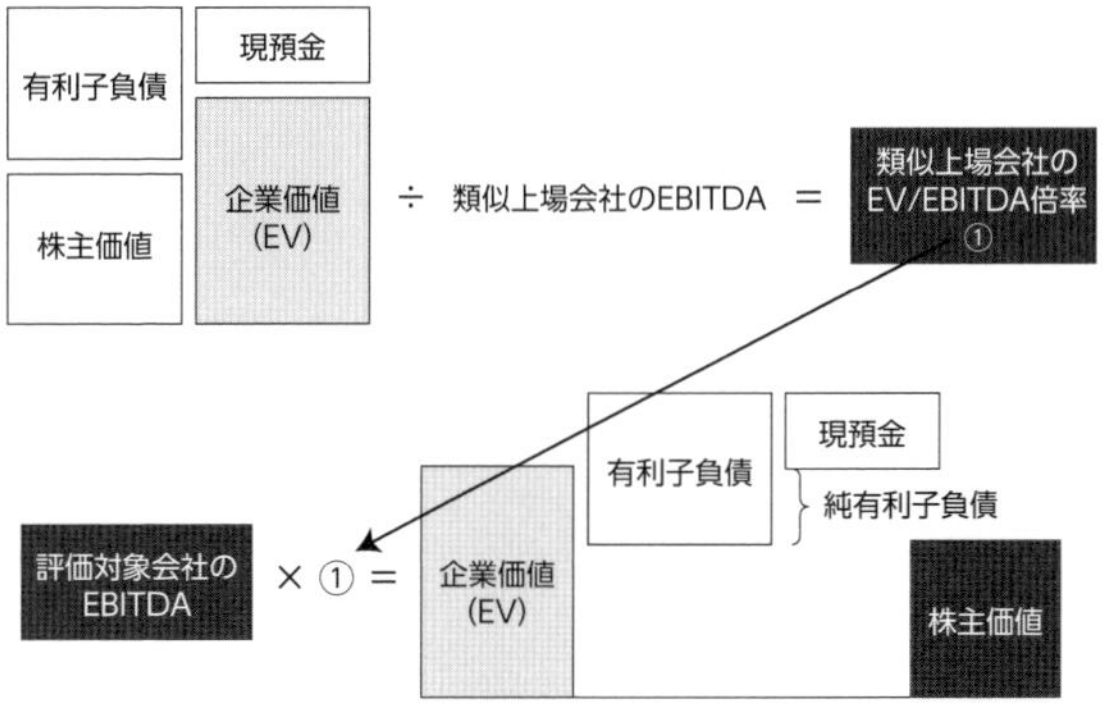

は、私たちの場合は、売手によって3〜5倍で想定してみます。

なぜ、3〜5倍で想定するのか

私たちがお手伝いした中小M&Aのケースで、多くの買手からEV／EBITDA倍率を3〜5倍で計算したM&A価格が提示されていたことから、ざっくりとした価値の評価では3〜5倍で計算しています。

最近は、買収後も利益水準を維持したいとの考えから、のれんの発生をできるだけ小さくしたい買手も増えており、その意味で3倍からとしています。また、あらゆる業種の事業環境で不確実性が増していることから、業績が短期間に変動することも想定され、3倍くらいで評価しておくことによって現実的なM&A価格が想定されると考えます。

そうするとEV／EBITDA倍率で求めたABC輸送のEVの金額は、以下になります。

EBITDA 4100万円×3倍＝1億2300万円

EBITDA 4100万円×4倍＝1億6400万円

EBITDA 4100万円×5倍＝2億 500万円

ここからABC輸送の有利子負債（借入金）から現預金を引き純有利子負債の金額を算出します。

有利子負債（借入金）1億円－現預金 8300万円＝純有利子負債 1700万円（207ページの図）

そして、EVから純有利子負債を引いて株式価値を算定します。これが想定される譲渡金額となります。ABC輸送の想定される譲渡金額は、以下になります。

1億2300万円－1700万円＝1億600万円

1億6400万円－1700万円＝1億4700万円

2億 500万円－1700万円＝1億8800万円

年倍法

ＥＶ／ＥＢＩＴＤＡ倍率での評価方法をお伝えしましたが、この会社を年倍法で算出した場合の価値評価も紹介しておきます。

年倍法は、営業権を評価した時価純資産法の一種であると考えられ、中小Ｍ＆Ａ仲介業者が多く適用しています。ただし、営業権の算定について、営業権を算定することに論理性がないことから、掛ける年数を恣意的に定めることもでき、案件獲得のため高めに設定することもでき、何より買手、特に上場企業やＭ＆Ａに慣れている買手が判断基準として適用しないことから、価格が乖離する要因ともなり、問題視されています。

ちなみに年倍法（時価純資産＋修正利益の３年分の営業権）でＡＢＣ輸送を評価すると、
時価純資産 ８３００万円＋営業権 ２６００×３＝７８００万円＝１億６１００万円となります。（２１０ページの図）

ＡＢＣ輸送を簡易的に評価してみましたが、いかがだったでしょうか。

簡易的な算定ではありますが、おおよその希望譲渡価格のレンジをつかむには十分に役に立つと思います。ＥＢＩＴＤＡが低く、借入金が大きく、現預金が少ない場合は、ＥＢＩＴＤＡ倍率で算出す

年倍法は、営業権を評価した時価純資産法の一種であると考えられ、中小M&Aガイドラインにおいても紹介されています。ただし、営業権の算定について、×年数を恣意的に定めることもでき、理論的な問題点が指摘されています。

(単位：百万円)

修正貸借対照表(時価)	
資産(簿価)	253
土地の含み損	▲30
保険の解約返戻金	+20
負債(簿価)	▲130
役員退職金	▲30
時価純資産	83

※税効果を考慮する場合もあり。

修正貸借対照表(時価)	
売上高	330
費用	▲320
役員報酬の減額	+6
役員保険料の減額	+5
接待交際費の減額	+5
修正営業利益	26

修正利益26×3年分＝営業権78

時価純資産 83 ＋ 営業権 78 ＝ 譲渡額 161

る価値は純資産評価額を超えることはありません。そのため、純資産に営業権をつけるというようなことを期待しても、なかなか買手は現れないと思います。

非流動性ディスカウント

M&A価格の決まり方の最後になりますが、買手がM&A価格を算定する場合に行われる価格の調整について取り上げておきます。

EV／EBITDA倍率によるM&A価格の算定は、上場企業の指標を使って計算をしています。そのため、株式に流動性がない中小企業の評価では、流動性のある上場会社と同様の倍率を用いたのでは価格が大きくなる可能性があります。

そこで、流動性が低い非上場株式の価格を調

●類似上場会社のEV/EBITDA倍率を用いて評価対象会社（非上場）の株主価値を算定する場合、非上場株式の流動性の低さに起因する価値の低下を折り込みます。売手への株式価値の算定では、①と②の金額をレンジとして提示します。
●これを非流動性ディスカウントといい、実務上は30%のディスカウントが多く用いられます（推定されたデータの存在するアメリカでは、20〜30%に設定されることが多い）。

（単位：百万円）

非流動性ディスカウント

株主価値①	−	非流動性ディスカウント	=	株主価値②
188	−	56.4（①×30%）	=	131.6

●対象株式の議決権の過半数、3分の2以上を取得しようとする場合に、通常の取引価格に加えて考慮される経営支配権に対する上乗せ価値をコントロール・プレミアムといいます。
●コントロール・プレミアムは、買手側による経営改善がもたらすシナジーと解釈され、論拠ある一定割合の上乗せ価値はないとされているため、売手側の株式価値算定においては用いていません。
●非流動性ディスカウントした株式価値にコントロール・プレミアムを適用します。

コントロール・プレミアム

株主価値②	＋	支配権プレミアム	=	株主価値③
131.6	＋	37.6（①×20%）	=	169.2

整することになります。その価格の調整を非流動性ディスカウントといい、類似会社比較法などの評価で用いられます。

ディスカウント率としては、アメリカのデータに基づき30%を採用するケースが多いように思います。ある判例では、25%もありますが、20〜40%というのもあります。

最近もM&A価格の算定において、買手の上場会社が用いていました。（上記の図）

コントロール・プレミアム

非流動性ディスカウントは流動性のなさを是正するものですが、コントロール・プレミアムは会社の支配権を取ることに関するプレミアムです。これを売手の評価に用いることは、私たちにはありません。

これはあくまで買手にとってシナジーがあるなど、買手の戦略の中でM＆A価格を調整するために用いるものです。

買手による経営改善がもたらすシナジーと解釈され、論拠ある一定割合の上乗せをするということなので、これを買手でもない立場では客観的に評価できないことから、売手の希望譲渡価格の評価には用いていません。（211ページの図）

第8章

買手の狙いと戦略

1. 買う側の論理

この章では、買手探しにおいて売手側が想定しておくべき買手の狙いと戦略について取り上げます。買手側の考え方を知っておくことで、売手としてはより有利な交渉も可能となります。

そして、「買手は、なぜ、当社を選んだのか」を売手が想定できるということは、M&A後のことがイメージでき、最良の相手を判断しやすくなるのではないでしょうか。

買手は会社の何を評価するのか

M&Aにおいて、買手は売手の会社や事業の何をどのように評価するのでしょうか。

一つめは、現在の事業の生み出すキャッシュフローをベースとした投資と回収という経済的な尺度です。投資した資金がどれくらいの期間で回収でき、プラスを生むのか、という尺度です。

そして、二つめが、シナジー効果、市場シェアなどの戦略的な尺度ということになります。この二つの投資判定の尺度は、最終的には合わされて判断されることになりますが、現在の事業の生み出すキャッシュフローに、この戦略的な尺度が加味されることで大きく変わります。

売手にとっては、この買手の狙いや戦略を知っておくことで、より良い買手を探すことができます。そして、買手の狙いが想定できれば、買手に何を伝えるべきかの準備も精度も高まります。

中小M&Aの場合は、事業の生み出すキャッシュフローを基準とする評価にも増して、自社の事業にメリットがあるか、業績が横ばいの自社の事業を補完できるか、新しい稼ぎ手になるか、という現在の状態を超えたところで判断されるケースがあります。つまり、見えない資産を評価するということです。

M&A価格は、売手と買手の合意で形成される一物多価であると説明しましたが、中小の経営者の多くは、自社の経営資源に照らして経済性だけではなく、定性的な視点からも判断します。どうしてもこの会社や事業が欲しいとなれば、会社や事業の状態よりも高い評価となることもあります。

つまり、中小企業同士のM&Aの場合は、買手の狙いにフィットすることが大事になります。

そして、このような買手の定性的な視点を理解していれば、たとえ赤字であっても買手を探すことができるということです。

では、買手はどのような戦略的な尺度で見えない資産を評価するのでしょうか。ここでは、定性的な視点である戦略的な尺度を中心に買手の狙いと戦略について見ていきます。

2. 買手の狙いと戦略

私たちは、買手側のアドバイザーとなることもあります。その際、多くの買手は自社の成長戦略を実現するための手段としてM&Aを位置付けています。

このため、買手候補を探すとき、買手候補となる会社のM&A戦略、その動機がわかれば、そもそも自社に関心を持ってくれそうかどうか想定できます。

上場会社については、IRサイトに掲載されている決算発表資料や中期経営計画、これまでのM&A時の発表資料などを参考にその可能性を探ります。

ここでは、中小M&Aにおいて買手の動機をシナジー効果、人や拠点の獲得、そして、経営のリスクを分散するための多角化など6つに整理しました。

1・シナジー効果の獲得

中小M&Aでもっとも多くの買手が狙っているのがシナジー効果の獲得、日本語で相乗効果といわれるものです。シナジー効果とは、2社以上の会社や事業を結合することにより、それぞれの会社や

1＋1＝3

事業が単独で生み出し得る価値の合計を上回る価値を生み出す効果のことです。

わかりやすい表現をすると、1＋1が3にも4にもなることをいいます。

ただ、実際のM＆Aでシナジー効果を実現することは簡単なことではありません。もう少し補足すると、シナジー効果には、実現の可能性がもっとも高いもの、実現の可能性があるもの、実現に相当な努力が必要なものがあります。

そのため、「シナジー効果が期待できるからこのM＆Aは成功する」というものでもなければ、「シナジー効果が期待できるからM＆A価格が高くても買おう」というものでもないことは認識しておく必要があります。

中小M&Aにおいて期待される主なシナジーは、次の2つです。

・**売上シナジー**
・**コストシナジー**

売上シナジー

売上シナジーとは、M&A後の売上金額が、M&A前の買手と売手のそれぞれの売上合計額よりも大きくなることです。つまり、M&Aによって1＋1となる売上金額を2以上にすることです。

具体的には、

●新しい販売チャネルを獲得し現在の販売チャネルを拡充

例えば、ある地域で多くの取引先を抱える会社をこの地域への進出をもくろむ買手が取引先の口座を評価してM&Aをしたケースです。

●新しい営業ノウハウを獲得し販売チャネルを活性化

例えば、多くの取引先を抱えているが、旧態の販売方法のため売上が伸びていない、そこで、買手が新しい営業ノウハウを提供することで活性化できると判断してM&Aをしたケースです。

●ブランドや知名度を獲得し商品ラインナップを拡充

例えば、学習塾の会社が、幼児から高校生までの囲い込みを狙って、世界的なブランドとなっている玩具メーカーの小学生向けロボット教室をM&Aするケースです。これによって、幼児から小学生へのブランドと知名度のあるロボット教室事業を手に入れ、商品ラインナップの拡充が図れました。

コストシナジー

M&Aにより会社の規模を大きくすることでスケールメリットを得て、コスト削減することです。具体的には、

●会社の規模を大きくすることで仕入れコストを削減

例えば、営業地域が重なっている鉄筋加工会社が、鉄筋の加工量の増加、加工場の集約によって仕入れコスト、地代家賃などの削減を狙って同業者をM&Aしたケースです。

●流通の川上に進出して中間流通のコストを削減

例えば、商品の大半を外注により製造してもらっている婦人服販売の会社が、衣料品の仕入れコスト削減を狙って、衣料品製造会社のM&Aを行い、中間流通のコストを大幅に削減したケースです。

●買手と売手の物流を統合して物流コストを削減

例えば、食品卸の会社が同業者のM&Aを行い、物流センターを統合、配送ルートのダブリを解消し、物流コストを大幅に削減したケースです。

このようにシナジー効果には買手の戦略が如実に反映されますが、その実現性には濃淡があります。そのため、どのシナジー効果をめざすかによって投資の判断に大きな影響があります。

実現の可能性がもっとも高いシナジー効果

自社内の判断・努力だけで実現できるシナジー効果は、比較的実現しやすいものです。

つまり、事業の運営コストの改善を狙ったシナジーは比較的実現しやすいシナジー効果になります。これらは会社内部のことであり、経営者の決断と現場の努力で効果を生むことができてしまうからです。例えば、私たちがお手伝いした産業廃棄物収集運搬会社2社の合併において、営業管理システムの統合、収集運搬ルートのダブリの解消などで大幅な効率化を実現しました。

実現の可能性があるシナジー効果

事業における原材料の仕入れなどのコスト削減を狙ったシナジーも、仕入れ先など外部との交渉が入るため確実ではありませんが、実現しやすいシナジー効果になります。

実現に相当な努力が必要なシナジー効果

かなり難しいのが、売上シナジーを実現させることです。

M＆Aによって売上は1＋1＝2になります。しかし、1＋1＝3にするためには、相当な努力が必要となります。なぜなら、M＆Aによって取引先企業の数や売上が乗数的に増えるわけではないからです。

確実に売上シナジーを取りに行くためには、まず何よりも経営者がM＆Aで実現すべきビジョンを明確に示し、統合後の組織が一丸となってシナジーの実現にまい進する必要があります。

それでも、事業とは思い通りにいかないもので想定外のことが発生します。柔軟に軌道修正しながら、何年かけてでも実現させていくという覚悟が必要です。

2・人材の獲得

中小M＆Aにおいては「人材の獲得」ということも動機になります。M＆Aを通じて後継者となる経営陣を手に入れることや採用困難な技術者などの有能な人材を獲得すること、そして、運送会社などの労働集約産業においては人手の確保ということもあります。

人材を獲得することによって、採用と育成の時間を短縮でき、専門性（技術力や営業力）も手に入れることができるのです。

3・市場シェアの獲得

市場シェアというのは、日本語で市場の占有率のことです。

市場シェアとは、対象となる企業や製品などの売上高や販売数量などが、ある特定の市場の中で占めている割合のことを指す用語です。

例えば、ある市場全体における総売上高が１０００万円で、その中でA社の製品の売上高が４００万円だったとすると、A社の製品の市場シェアは40％ということになります。対象の企業や製品が市場の中でどのくらいの重要度や影響力を持っているのかを表すことができます。

市場で一定のシェアを獲得しているということは、その会社の強みでもあります。


その市場シェアを評価するときに着目されるのが、ランチェスターの法則を研究したアメリカの数学者B．O．クープマンによって導き出された「ランチェスター戦略モデル式」により作られた市場シェア理論「クープマンの目標値」です。この理論により、市場での自社の位置付けが意味を持つことになります。

中小の技術系会社の場合、買手は製品の市場を定義して、その製品が取引先の中で、また、市場の中で、どの程度のシェアがあるのかということが買手の判断になっています。このクープマンの目標値といわれる指標は、どのように市場を定義するかによって、自社の強みを明らかにします。

自社が、取引先の中でどれだけ重要な位置にあるか、営業地域においてどれだけのシェアを持って

クープマンの目標値

独占的市場シェア：73.9%
ある1社のシェアがこの数字に到達してしまえば、独占状態とほぼ同じ市場支配力を持つことになり、その地位は揺るぎないもので首位が絶対安全かつ優位独占の状態を指します。

安定的トップシェア：41.7%
実質3社以上の戦いの場合、41.7%以上のシェアを取れば業界における強者となり、安定した地位を確保している状態です。

市場影響シェア：26.1%
この数値を上回ると、激戦の競争状況から一歩抜け出した状態と判断されます。つまり、この数値が強者と弱者を決定付ける基準値になるといわれています。

並列的競争シェア：19.3%
複数企業で拮抗している競争状態のときに多いシェアで、安定的トップの地位をどの企業も得られていない状況です。

市場認知シェア：10.9%
生活者において純粋想起がなされるレベルのシェアです。このレベルになると、市場において競合他社からも存在を認められるようになります。

市場存在シェア：6.8%
生活者において、助成想起が可能なレベルです。市場において、ようやく存在が許されるレベルとして位置付けられます。ただし、辛うじて弱者の地位を確保している状態でもあります。

いるかなど、自社の事業を評価するにも重要ですし、自社の強みを見る尺度ともなります。

クープマンの目標値

独占的市場シェア：73・9％

「独占上限シェア」と呼ばれ、ある1社のシェアがこの数字に到達してしまえば、独占状態とほぼ同じ市場支配力を持つことになり、その地位は揺るぎないもので首位が絶対安全かつ優位独占の状態を指します。

ただし、独占禁止法の関係もあって実例は多くはありません。

安定的トップシェア：41・7％

実質3社以上の戦いの場合、41・7％以上のシェアを取れば業界における強者となり、安定した地位を確保している状態です。この目標値は、一般的には「40％目標」等といって用いられることが多く、有力な会社がシェア獲得の最終目標とすることも多い数値です。例えば、トヨタ自動車が「シェア40％の安定的な確保」にこだわっているのはこのためとも言われています。

市場影響シェア：26・1％

この数値を上回ると、激戦の競争状況から一歩抜け出した状態と判断されます。つまり、この数値が強者と弱者を決定付ける基準値になるとされています。一般にはこのレベルで業界トップであることも多く、たとえ2位であったとしても、この基準にあれば市場に影響力を持つことが可能となります。しかし、下位の会社に逆転される可能性が残る水準でもあります。

以下は、ランチェスター戦略の研究において日本を代表する田岡信夫氏が提案したもので、弱者の目標値となります。

並列的競争シェア：19・3％

複数企業で拮抗している競争状態のときに多いシェアで、安定的トップの地位をどの企業も得られていない状況です。この場合は、競合他社に先んじて市場影響シェアである26・1％を獲得することが目標となります。

市場認知シェア：10・9％

生活者において純粋想起がなされるレベルのシェアです。このレベルになると、市場において競合他社からも存在を認められるようになります。

市場存在シェア：6・8%

生活者において、助成想起が可能なレベルです。市場において、ようやく存在が許されるレベルとして位置付けられます。ただし、辛うじて弱者の地位を確保している状態でもあります。

田岡氏によれば、1960年代にGMがSBU（戦略ビジネスユニット）を採用する際に、競合が40%以上のシェアを占め、自社のシェアが6・8%に達していない事業はすべて撤退したそうです。

ちなみにランチェスターの法則とは、第一次世界大戦時にイギリスのランチェスターが編み出したもので、第二次世界大戦時にランチェスターの法則から進化した「ランチェスター戦略方程式」をミックスした戦略で、軍事作戦のモデルです。しかし、軍事理論でありながらマーケティングと似ている部分があるため現在のビジネスシーンでもよく用いられており、会社の強みを測るのに持つべき視点の一つとなります。

ランチェスターの法則で代表的なものに、「弱者の戦略として大企業よりも兵力が劣勢な中小企業は特定分野に集中し特定のエリアに絞って局地戦を行ったほうが良い」というのがあります。

特定分野の特定エリアで高い市場シェアを持っている中小企業を買収することを「市場シェアを買

う」といい、後発として市場に参入しようとする会社がよく行います。あるアメリカのヘルスケアサービス会社は、日本への進出が遅れ、後発での市場参入となったため、一気呵成《かせい》に多くの主要医療機関との取引、つまり市場シェアの獲得をめざし医療機関を取引先として持っている中小企業を積極的に買収していました。これは、大きな会社が資本にものをいわせて行うものですが、このような戦略も多くとられます。

ニッチの市場の場合、特定した地域でどの程度のシェアを持っているのか、これが評価され、ある製品で70%のシェアを握っていた会社は従業員5名の会社でしたが買手が現れました。

4．権利・許認可の獲得

ブランド、旧来の免許、特許といった買収しないと獲得できない資産を手に入れるためにM&Aが使われる場合があります。旧法の酒類免許などに関しては、法改正で販売制限が厳しくなり、その結果、旧法の免許を欲してM&Aをするケースもありました。

5．工場、店舗などの拠点の獲得

地方へ事業を拡大したい、ある地域、ある業界に新規参入したいといった場合、自社でゼロから立地を探索し、設備し、人材を確保するのは難度が高くなります。そこで、店舗開発という過程をスキップし、店舗開発コストの削減と開業までの時間短縮を狙って店舗のM＆Aを進めるケースがあります。また、生産拠点を拡張するため、同業の工場と設備を譲り受けるというケースもあり、これからの業界再編において、このような工場、店舗を狙ったケースも増えてくることが考えられます。

6．多角化の獲得

いわゆる多角化をするためにM＆Aを用いる場合です。本業とは違う領域の事業をM＆Aすることで、事業リスクの分散を図るという共倒れになるリスクを抑えることをめざします。

ただし、社内にまったくノウハウのない分野に参入することは難度が高いため、すでに成功している事業を買うことで、難しい立ち上げを省略しようということです。

飲食業の大手チェーンがいまだ2～3店舗しかない新業態の飲食店をM＆Aし、マニュアルを整備してチェーン化を行うということも見られました。私たちがお手伝いしたケースでも、後継者ができたので新しい事業を自ら行いたいというオーナー社長が多角化のためにM＆Aをされたケースもありました。

これ以外にも、スタートアップの会社をM＆Aすることによって、新しい成長の芽を確保しておくという動機によるM＆Aもあります。

買手の狙いと戦略を6つに整理しましたが、買手は、これらの視点を経済的な基準となる買収後の事業計画、将来の予測フリーキャッシュフローに加味して初期投資の金額を決めます。そのため、投資に関する経済的な基準はそれぞれの買手によって異なることになります。

逆に言えば、売手は、狙いや戦略が明確な買手と出会うことで、より高く売ることができるということです。この章の最後に買手の経済的な基準について触れておきます。

買手の経済的な基準

上場会社などM&Aを経営戦略のひとつに据えている会社は、M&Aの投資実行において経済的な基準を設けています。

その指標として、一定のIRR（internal rate of return：内部利益率）のハードルレート（hurdle rate：投資案件に最低限求められる収益率）、投資回収期間、NPV（正味現在価値）等の定量基準を社内的に設定し、当該基準をクリアした場合には俎上に載せることにしています。

IRRハードルレート10%を上回り、投資回収期間は10年以下、NPVは1億円以上等、投資実行を判定するための複数の目安が設けられることもあります。IRRを基本とし、回収期間やNPVを補完的に組み合わせるケースも多くあります。

第9章

M&Aの失敗から学ぶ成功のポイント

1. M＆Aを失敗に導く要因

本論の最後にM＆Aが失敗する要因を取り上げます。失敗からリスクを学び、そのリスクを回避し成功のポイントを探るということです。

M＆Aの成功率（売手と買手が満足している率）は、一般的には3割程度といわれています。その背景には、多くの企業がM＆Aの失敗要因を把握できていないという現状があります。

買手は、事業を狙ってM＆Aをしますが、M＆A後の統合に失敗すると何のためにM＆Aをしたのかわからないことになります。売手も、M＆Aが途中で破断した場合、経営が傾くことにもなりかねません。

M＆Aの失敗を避けるためには、失敗の要因をあらかじめ認識しておくことが重要です。失敗要因を事前に知っておくことで、失敗を予防するための対策を立てておくことができます。

ここではM＆Aに失敗して経営難となった会社と同じ道を歩まなくて済むように、もっとも留意すべきM＆A進行中とM＆A後の2つの局面におけるポイントを押さえておきます。

M&A進行中の留意すべきポイント

まずは、M&Aを進める中で留意すべきポイントについて取り上げます。M&Aを決意されたら、次のような失敗のパターンに陥らないよう十分に備えてください。

1．M&A交渉中、売手の業績が悪化

M&Aは一般的に検討の開始からクロージングまでに半年から1年程度かかります。その間に、売手の会社の業績が悪化する可能性はゼロではありません。売手の業績が悪化しても、買手の戦略上の重要性からどうしてもほしいということもありますし、前提としたM&A価格が大幅に下がり破断することもあります。

私たちが買手側のアドバイザーについていた事業譲渡案件で、交渉もまとまり最終契約の締結まで1か月という段階で、新型コロナ感染症の影響が駄目押しとなり主要取引先からの受注が減少、資金繰りが急激に悪化して、結果的に経営破綻したというケースがありました。

2．コンプライアンス違反

コンプライアンスとは、法令等を遵守することを意味します。コンプライアンスに違反すると、訴

訟や行政処分の対象となります。コンプライアンス違反をしていると、買手の信頼を失うだけでなく、結果的に顧客や取引先まで離れていってしまいＭ＆Ａは失敗に終わります。

例えば、取引先が反社会的勢力と関係をもっていることを売手自身が知らず、買手が知っていた場合はＭ＆Ａは難しくなります。また、コンプライアンス違反ではありませんが、資金繰りに窮して高金利のノンバンクなどに手を出していると普通の金融機関は取引を渋りますしＭ＆Ａも難しくなります。

3.チェンジ・オブ・コントロール条例への抵触

チェンジ・オブ・コントロール条項とは、取引先との契約書などにおいて、契約当事者に経営権や所有権の変更があったときの契約継続の存否について扱いを定めた条項です。

具体的には、経営権や所有権の変更があった場合に、取引先への通知義務や、それによって取引先が契約の解除をすることができるなどの内容です。この条項によって、売手の会社とその取引先の契約が解除となった場合、買手は本来得られるはずであった取引先を失うことになり、Ｍ＆Ａは失敗となります。

4.Ｍ＆Ａアドバイザー選定の失敗

M&Aは、支援してくれる仲介者やアドバイザーの選定によっても成否がわかれることがあります。残念ながら仲介者やアドバイザーにも質の差はあり、ピンもあればキリもあるのが現状です。決して多いケースではありませんが、自分の利益を優先し、顧客の利益を後回しにする専門業者もあります。仲介者に専門知識が不足していたがために、おかしなスキームで譲渡し、払わなくてもよい税金を負担する直前でお手伝いした案件もありました。

また、仲介者の中には、成約の確率が低いと思われる会社にM&Aによる譲渡を勧めて着手金だけを取って成約できないまま在庫化しているケースもあります。

第4章で取り上げましたが、仲介者やアドバイザーの選定には慎重に取り組んでください。

5. 利害関係者の意思の確認不足

双方の意思の確認不足のせいでM&Aが上手くいかないことは珍しくありません。経営者同士は合意していても、役員や一部の株主がM&Aに反対するケースがあり、このような場合にはM&Aの交渉が頓挫してしまいます。

中小M&Aは、たいてい株主総会の特別決議が必要となります。また、ほとんどの買手は株式の100%の取得を前提としています。少数株主が反対すれば、株主総会の決議は通りますが、買手の前提条件が満たされずM&Aは失敗となります。

6．株主と株主総会に関する書類の不備

中小企業にありがちなのが、株主名簿が整備されておらず、株主総会議事録などの記録もなく、名義株の株主が行方知らず、経営者もうろ覚えというようなケースです。

M＆Aは、株式譲渡にしろ、事業譲渡にしろ、株主総会の決議が必要となります。その株主の構成に疑義が発生することは極力避ける必要があります。（236ページの図）

最低でも直近5年分の株主総会と取締役会の議事録は保管しておく必要があります。株主総会と取締役会の議事録が整備されておらず、会社の意思決定の履歴を確認できないために、結果的にM＆Aができないこともあります。

以前、会社の設立時からの株主の変遷が確認できず、現在の株主の持分が証明できないことから、買手側が訴訟リスクを危惧しM＆Aを断念したケースがありました。

このように株主総会の決議には、定款の変更、役員の変更、増資などの資本の変動、決算に関わる事項があり、そのどれもがM＆Aに関わるものです。その決議をした株主総会議事録がなければ、当然に現在の会社の姿、経営に対する信用が揺らぐことになります。

7．買収監査の不足

買収監査については、第6章の買収監査段階のところで詳しく取り上げましたが、譲渡対象会社の

健全性や将来性を調査し確認する手続きのことです。譲渡対象会社の財務や法務などの問題を見落とすと、M&A後の経営に悪影響が出る恐れがあります。

その中でも中小M&Aで最も注視しておくべきは事業運営の実態とキーマンの把握です。経営者が事業運営の実務に一切携わっておらず、事業運営には社員がキーマンとしており、そのキーマンが事業を左右しているという会社がありました。実情がわからない経営者とだけ話していても事業の実態が見えないため、買手による引継ぎが難しくなったケースもありました。

また、売手側にその認識がなくても、退職金の積み立て不足、未払い残業代などについては買収監査の際に詳しく確認しておくべきです。

中小M&Aで買収監査を端折るケースが見受けられますが、M&Aの失敗を避けるためにも買収監査は不可欠です。

M&A後の留意するべきポイント

ここまでM&A進行中の留意するべきポイントについて取り上げましたが、M&Aにおいてもっとも失敗のリスクが高まるのはクロージング後の対応です。とくにM&Aに対する従業員からの理解が得られず、従業員が流出してしまうことであり、経営幹部や従業員の不誠実な対応による経営統合の失敗です。

議決権の保有割合	株主総会で行使可能な権利	決議・権利の内容
100%	「全会一致」が必要な議案を可決できる	・経営に関する意思決定を完全に一人で行うことができる ・発行済み株式の一部を種類株式への変更ができる
総株主の半数以上かつ総議決権の75%以上	「特殊決議」が必要な議案を可決できる	・属人的株式にかかる定款規定を設定できる
66.7%以上	「特別決議」が必要な議案を可決できる	**・定款の変更ができる（株式譲渡制限規定の設定の場合は、議決権を行使できる株主の半数以上であることも必要）** **・合併、会社分割、事業の譲渡・譲り受けを承認できる** **・株主との合意による自己株式の取得を承認できる** **・監査役の解任ができる…**
50%超	「普通決議」が必要な議案を可決できる	・取締役の解任ができる ・取締役・監査役の選任及び報酬の設定ができる ・配当額の決定を行うことができる…
33.40%	「特別決議」が必要な議案を否決できる	
25%超	「特殊決議」が必要な議案を否決できる	
3%以上	「少数株主権」を行使できる	・取締役等の解任を請求できる…

山田コンサルティンググループ作成の図表を参考に作成

1．従業員の流出

M&Aでは、異なる企業文化を持つ会社同士が経営統合を行うため従業員の流出はリスクとして必ず意識しておかなければならないものです。第6章の両者面談のところで相性のことを述べましたが、売手側の従業員に受け入れられるかどうかということがM&Aにとっては決定的に大事なことになります。

　異なる企業文化を持つ会社同士が経営統合をすると、職場の環境や制度、人間関係といった働く上での前提が大きく変化します。その変化を負担に感じたり、M&Aに対して否定的な感情を持ったりする従業員が出てくることは想像に難くありません。

　M&A後の統合をきっかけとして、不満を抱いた従業員が次々と離職してしまう事態が発生することで事業としての本来の価値が低下し、貴重な人材や社内の情報・ノウハウが漏出してしまうと、期待していたシナジー効果が得られなくなります。

研究開発型や、労働集約型の事業では、従業員に受け入れられるための環境整備を慎重に進めることが求められます。

2．経営統合の失敗

M&Aでは、従業員の流出に加えて、売手と買手の経営者がM&Aの交渉や手続きに追われてしまい、M&A後の引継ぎや経営統合について経営者同士の意思疎通が十分になされなかったことが原因となり、クロージングした直後に解消というケースも起こっています。

例えば、クロージングしてから引継ぎの段階での売手側に対する買手側による「買ってやったんだ」というような高圧的で雑な対応はM&Aが失敗する要因です。最終契約において規定した内容について、自社の都合のみで買手側からあらためて協議を申し入れるというような合理性のない条件変更の要求をしては円滑にM&Aを実施することはできません。

また、同様に売手側が引継ぎの段階で社員への説明が不足し、何らの準備も行っておらず、結果的に引継ぎに必要となる情報の提供を渋るなどの行為が起きれば、引継ぎの相手に不快な印象を与え、買手を硬化させてしまいます。引継ぎは、買手にとってはM&A後に売手の会社の実情にはじめてふれる場面であり、売手との意思疎通が十分でないとその実態が想定していたものと違うということで解消を求められることもあります。

このような経営者同士の認識不足から、統合の初動で混乱が起き、そのことへの反発から事業運営のキーマンが辞めてしまう事態となると統合は失敗してしまいます。

M&Aの失敗を回避するために

M&Aは、物の売り買いではなく、人と人との物語です。どのような場面であっても相手の状況や環境を理解して、売手と買手の双方が相手の立場を気遣うことがM&Aの進行中、M&A後の失敗を防ぐために必要不可欠な心構えとなります。

M&Aはクロージングの完了をもって終了します。しかし、会社はゴーイングコンサーンであり、M&Aで目指した効果を売手も買手も享受できなければ意味がありません。

そのため、最近では、M&A後の会社や事業の統合に関して、PMI（Post Merger Integration）をスムーズに行うための支援サービスも提供されはじめています。

この章のおわりにPMIのについて取り上げておきます。

ＰＭＩとは

ＰＭＩとは、Ｍ＆Ａ後の経営統合のことです。経営統合に失敗するとＭ＆Ａの果実を得られないままになってしまいます。そのため、中小企業同士のＭ＆ＡでもＰＭＩが重視され始めています。

ＰＭＩでは、経営統合によるシナジーを最大化するために、新しい組織体制の下で持続的成長を支えるマネジメントの仕組み作りをめざします。

そして、何よりもＰＭＩを成功に導くポイントは「初動」になります。

Ｍ＆ＡにおけるＰＭＩの重要性

Ｍ＆Ａでは、売手との合意を得るために労力を割くあまり、Ｍ＆Ａ後の経営の統合について力が注がれていないケースが見受けられます。

ここでは、ＰＭＩの中でも統合の「初動」にスポットを当てます。それは、中小企業同士のＭ＆Ａにとってもっとも重要となる経営のリーダーシップの移行ということです。

Ｍ＆Ａ後、売手の会社は人心が不安定となるため、初動面における経営権の移行、すなわち新旧のリーダーシップのスムーズな移行がきちんと準備されているか否かが成否を分けます。もし経営権がスムーズに移行できなければ、異なる企業文化を持つ会社同士のため、従業員間に大きな摩擦が起こることも懸念されます。

初動を間違うと、業務が停滞し業績が低下するだけでなく、従業員が大量に流出し内部対立が起こるなど、様々な問題が生じます。そうなれば、想定していたシナジー効果が得られないだけでなく、M&Aが解消され莫大な損失が発生することにも繋がります。

このような状態に陥らないためにも、クロージング後の初動で、経営統合のビジョンを明確に示し、意思決定プロセスを確立して、リーダーシップの移行を目に見えるかたちで明示することが必要になります。

1. 経営統合のビジョンと意思決定プロセス

PMIは、買収監査から始まるといわれていますが、買収監査が完了し価格やその他の条件が合意したと同時に、売手と買手の間でM&A後の経営統合ビジョン（新しい事業の方向性）と意思決定のプロセス（誰がどのように決定するのか）を明確化しておくことです。

経営統合のビジョンと意思決定プロセスが明確でなければ、売手の会社の経営幹部は何も判断ができなくなり、現場で混乱が発生することが予測できます。そして、売手の経営者と買手の経営者の間でこの議論ができないとなると経営のガバナンスが問われることになります。

事前に経営統合のビジョンを共有し意思決定プロセスを確定しておけば、新しい判断の基準が明確となり、経営統合による様々な課題の解決も円滑に進みます。そして、経営統合のビジョンを作り、意思決定プロセスを確定するにあたっては、売手からも買手へ会社の内情、社風や企業文化を十分に共有しておくことが大事です。

2．経営のリーダーシップ

経営統合のビジョンと意思決定プロセスの確立によって、リーダーシップの移行が社内外に明示されます。繰り返しますが、M&Aによって買手の会社も売手の会社も組織体制が大きく変わるため、不安や混乱を生じることは避けられません。

現場では、それまでの習慣も大きく変わります。そのために従業員の不満も大きくなり、両社の役員同士が対立するといったシチュエーションが発生することも十分に考えられます。

だからこそ、経営者には、経営統合の初動で経営のリーダーシップの移行を明示し、混乱する役員と従業員を力強く導くリーダーシップが求められるのです。

M&Aを失敗させないためには、M&A交渉の過程、M&A後の経営統合の過程を通じて、売手の経営者、買手の経営者による成功へと持続する意志が不可欠なのです。そして、この持続する意志こそ、M&A成功の秘訣《ひけつ》となるのです。

第10章

4つのケースに見るM&Aのかたち

ケース1　営業赤字が続いていても売れますか

M&Aは、物の売り買いとは違って、その一つひとつが人間の物語です。どれ一つとして同じストーリーはありません。

本書の終わりに、赤字会社のケースをはじめとして、事業だけを譲ったケース、それほど大きくない会社のケース、そして債務超過の危機をM&Aで脱したケースまで、いくつかのM&Aのかたちを紹介します。M&Aには決して同じケースはありませんが、紹介するケースを通じてM&Aの可能性を感じ取っていただけたらと思います。

ここでご紹介する会社は、必ずしも経営がうまくいっていた会社ではありません。それでも、経営者との丁寧な対話を通じてそれまで見えなかった「強み」が見え、買手にとってのシナジー効果が明確化できたことで赤字でもM&Aが成立したケースです。

ある地方都市で事務機器販売を行っている会社で、売上2億円、3期連続で営業赤字に陥っており、実態的には債務超過になっていた会社のケースです。

対象会社の社長は70代後半、一緒に経営を担っている専務の弟さんも70代、社長は地元の商工会議所の役員を兼ね、地元では名士といわれていた存在でした。後継者候補として社長の息子さんが東京から戻って在籍していました。

対象会社は、創業80年で社長の祖父が創業し現社長で3代目、地元における取引口座数は地域でもナンバーワンのシェアを持っており、地域でのブランドもありました。特に会社が存立する地域は、交通事情から大手が進出しづらく、市場としては閉鎖的な環境にあり競合も限られ、長期間にわたり安泰な市場でした。

しかし、ご多分に漏れず少子高齢化の波が押し寄せ、地元の人口が減少し、駅前の商店街はシャッター街となり、本業の事務機器販売の需要も落ち込んでいました。加えて、それまで独自の購買をしていた大企業の支店が、本社による一括購買へと切り替わったことも売上に影響しました。

ピーク時に10億円を超えていた売上も直近は2億円となり、本業のもうけである営業損益も赤字に陥って3年がたっていました。そんな状況で私たちに相談がありました。

社長から「今のままでは事業の赤字脱却はままならない、家業に携わっている息子も後を継ぎたくないようで、自分の年齢も考えて、もし可能なら第三者への譲渡は考えられないだろうか」との申し出がありました。

社長は専務である弟さんと相談して、自分の息子が継がないという以上は「第三者への譲渡」で現状を打破したいと考えたようです。このまま営業赤字が続いている状態では、早晩、借入金の返済も滞り、会社も債務超過に陥り、個人の財産もすべて吐き出さなくてはならない、そんな危機感からの相談でした。

相談を受けた私たちは、会社の現状と社長の意向を確認するため早々にご本人と面談することにしました。私たちの見立てでも会社の業績は厳しいものでした。

役員からの貸付金も膨らみ続けており、亡くなられたお兄さんの土地にも銀行の根抵当権が設定されたままで、現状よりも売上が減少すると資金繰りが詰まるのは避け難い状況でした。

経営の見える化

対象会社とM&A助言のための秘密保持契約を結ぶのと同時にM&Aの事前準備として「経営の見える化」を行い、潜在的な「強み」や「優位性」がないか、財務、顧客、業務プロセス、人材という視点で洗い出し、会社と事業の把握に努めました。その過程で会社が当該地域において2000社を超える取引口座があり、現在も地域ではナンバーワンのシェアを維持していることがわかりました。

地域経済の疲弊は甚だしいものがありましたが、小口ながら取引口座数と地域でのシェアとブランドは魅力的であり、事業を磨き上げることで経営改善を進め、業績回復の可能性を示すことで事業の価値を高めることも考えましたが、会社の状態と社長の要望を踏まえて企業概要書を作成し、買手探しへと踏みだしました。

株式価値の算定

株式譲渡にあたっての社長の唯一の希望は、従業員の雇用と処遇の維持で、株式価値の算定では中小企業の株式価値算定で一般的な類似会社比較法も検討しましたが、営業損益が過年度で赤字、EBITDA（営業利益＋減価償却費）もマイナスのため、過去の積み重ねで評価できる簿価純資産での算定とし、社長に納得していただきました。

マッチング

企業概要書の作成と並行して、私たちは、社長の要望と会社の「強み」を活かして成長の可能性が想定される同業者を中心に買手候補リストを作成し、買手候補探しを始めました。対象会社は販売会社であり、仕入れ先も偏っていないことから、売上とシェアにおいてシナジーがある販売会社との統合が望ましいと考えました。

ＤＭと電話という直接提案型の営業で買手候補を探し始めたところ、同業の大手が関心を示してくれ、早々に秘密保持契約を締結してネームクリアし、トップ面談まで順調に進みました。

しかし、基本合意の交渉に入るところで落とし穴があったのです。

対象会社の社長が従業員の雇用と待遇の維持を前提としていたにもかかわらず、買手候補から対象会社が事務機器販売の他に行っていた文具卸の撤退を提案してきたのです。従業員の雇用と待遇の維持は、対象会社の社長の絶対に譲れない一線でした。

結果、対象会社の社長は、時価純資産よりも高い価格での譲り受けが提案されていましたが断念しました。買手候補の上場会社は、Ｍ＆Ａに慣れているというふれ込みでしたが、自社の利益とシナジーを優先（交渉なので悪いことではありません）するあまり、中小Ｍ＆Ａの大義の一つである雇用と処遇の継続を交渉の最初から無視したことが失敗の原因でした。

基本合意書の締結へ

買手候補探しを再開したところ、首都圏を営業基盤としている同業の社長に接触することができ、秘密保持契約を締結し、早々に対象会社の社長とトップ面談を行いました。

対象会社の社長とのトップ面談を終えた日の夜、買手候補の社長からの電話で、「今日の会社は、経営者が代わって、社内のモチベーションを改善できれば、取引口座数もあるし、地域ではブランドもあり、成長の可能性はあるように感じたけれど、君の意見はどうだい」との質問があり、私は「社長の認識と一緒です。私も失礼ながら経営陣が高齢化し、従来のやり方が変えられず、経営の活力が低下したことが売上低迷の原因だと思います。社長は十分に活力を回復させることが可能ですし、対象会社の持っている取引口座数等のポテンシャルを活かせると考えます。」と回答したところ、買手候補の社長から「ぜひ、進めたいと思うが」との返答と価格についても対象会社の希望を尊重するとの言葉をいただき、基本合意の締結へと進むことになりました。

基本合意書の締結に向けて条件の擦り合わせをしていたところ、対象会社の社長から、「うちの従業員はおっとりしており、買手候補の営業についていけるだろうか、大丈夫だろうか」と社風の違いについて心配され、よく電話をいただきました。

だんだんと条件交渉が煮詰まり、実現性が高まってくると売手の社長が心配することですが、このような社風の違いはどうしてもつきものです。

この社風の違いを乗り越えるのは、社長が買手候補との成功を確信できるか、そして、成約してからの時間によってしか解決できません。

本件の場合は、買手候補のグループ会社になることで新しい営業手法が導入でき、それによって業績が回復すれば従業員の待遇もよくなると社長を説得、最終的には社長も納得され基本合意に至りました。

買収監査から成約へ

基本合意から最終契約までの期間は、対象会社の社長にとっては買収監査もあり慌ただしい期間でもありますが、同時に不安との戦いの時間でもあります。

このケースでも買収監査の状況や自分が会社を売ることを従業員はどう思うだろうかとの不安から、社長と何度も長時間の電話をし、クロージング後の従業員への説明文等もフォローしました。

無事に買収監査も終わり、最終契約の締結と同時に譲渡代金の決済が行われ、私たちの仕事も完了しました。M＆A後の対象会社は、買手によって新しい営業手法が導入され、強みである取引先との基盤を活かして業績は回復基調にあるとのことです。

ケース2　事業だけでも売れますか

2例目は、ウェディングとバンケットの運営を行っている会社が、経営資源を集中するために一部の事業を譲渡したケースです。

対象会社は業績も順調に推移し、社長は40代後半で経営者としては脂の乗った年齢でもありました。そんな社長が、なぜ、売却に踏み切ったのか。

人生にはいくつかのターニングポイントがありますが、本件の場合は、創業時より社長のパートナーとしてウェディング部門を牽引してきた奥様が妊娠され、業務から外れたことがきっかけでした。

これまでのように休日もなく、宴会の運営で夜遅くまで仕事をする生活スタイルから、やっと授かった子どもとの時間を最優先にしたいと生活スタイルの転換を一念発起されたそうです。

対象会社から切り出す事業は、ウェディング事業とその施設でした。施設の立地は交通の利便性も優れ、賃貸物件とは思えない外観でした。メインのバンケットは、高級飲食店が以前入居していた空間で、地階から2階まで吹き抜けの解放感ある空間となっていました。この開放的な空間への入り口ドアからのアプローチは、最大の魅力として好評でした。

施設は、このメインバンケットとレストランウェディングにも対応可能なバンケット、それに簡単なパーティーや勉強会等に利用されていた小さめのバンケットが用意され、メインバンケットとの連動で宴会や結婚式をうまく演出して高い評価をされていました。

私たちは、早速社長と面談し、その希望をかなえるお手伝いを始めました。社長の希望は、事業の譲渡によって、銀行からの借入金が完済でき、なおかつ、新しい生活のための資金を手元に残したい、というものでした。

経営の見える化と事業価値の算定

M&Aの事前準備として、対象事業についての見える化に取り組み、「強み」と「優位性」を洗い出しました。この作業を踏まえて、数字だけではない魅力も踏まえ、売れる可能性のあるM&A価格を算定して社長に提案しました。

具体的には、対象事業の売上は1億3000万円、EBITDA（営業利益＋減価償却費）は30

00万円あったことから、DCF法と類似会社比較法を評価方法として適用して、それに私たちの知見、事業の定性的な魅力を踏まえてM&A価格を提案しました。

事業譲渡の場合、対象事業だけを切り出してその収益力を評価することになるため、EV/EBITDA倍率か、DCFのキャッシュフローで評価するのが一般的です。それに、M&Aアドバイザーによる業界と事業に関する知見を加えることになります。

M&A価格は一物多価であり、価値の評価方法や対象事業の市場の中でのポジションに対する理解の差で変わります。私たちの提示した価格で社長に納得していただき、買手探しを始めました。

マッチング

しかし、ここから苦戦しました。

社長が譲渡価格のレンジを納得され、企業概要書を作成し、私たちは同業者を中心に買手候補をリストアップしアプローチを開始しました。

最初の1年で、ウェディング会社、冠婚葬祭会社で約60社にアプローチし数社は両者面談まで進みましたが、両者面談から先へはなかなか進みませんでした。

立地の良さ、インターネット上の高評価もあり、初期的な関心は示してくれますが、どうしても打破できない壁がありました。

それは、対象事業の施設が賃貸であること、そして、オフィスビルのためエントランスなどの空間演出に制限があることでした。そのままで使用しても採算は維持できることから空間演出を大きく変えることは想定していませんでしたが、買手候補が望むそれぞれのスタイルへのこだわりは強く、私たちはこの点を見誤っていました。

そこで、改めて対象会社の社長と議論を重ね、対象事業をウェディング事業ではなくバンケット運営事業に再定義し、企業概要書を書き直しました。

実は、施設の周辺には200人規模のバンケットが少なく、あるとしても高級ホテルに限られており、法人の宴会需要のピークとなる12月には多忙を極めていました。

買収監査から成約へ

華やかながら需要に波があるウェディングよりも、毎年安定している法人の宴会需要での実績を強みとして、私たちは当初のウェディング会社を買手候補としてリストアップをしていたものから、法人向けバンケット運営、イベント企画に関心のありそうな業態を幅広くリストアップしました。

最終的には、ウェディングという領域からは距離のあった会社が関心を示し、当初は想像できなかった用途で女性向け衣料品販売会社が売手の希望譲渡価格を超える金額で成約されました。

最初に面談してから1年半の道のりでした。

買手が譲り受けを希望したのは、法人需要による安定した収益で賃貸物件である施設の維持が可能であり、女性の多い自社のイベントや福利厚生施設としても活用でき、何よりも事業を自社保有することでイベントのコスト削減も図れるということでした。

M&A後、買手は自社のイベント活用や婚活パーティーなどを開催し業績の伸長に積極的に取り組まれています。そして、オーナーは、銀行借り入れを完済し、新しい生活スタイルを大事にしながら、仕事も頑張っておられるとのことです。

ケース3　小さくても売れますか

3例目は、創業社長が急逝され、何らの準備もなく奥様が経営を承継することになり、このまま事業を続けるのは難しいということで株式の譲渡を希望されたケースです。

対象会社は、ある地方で鉄筋の加工と工事を請け負っている会社で、大手ゼネコンの地方支店の1次請けとして、3年前には売上3億円、営業利益2000万円の業績を上げる順調な会社でした。しかし、業績のピークで創業社長が急逝し、創業社長の生前からの指名もあり社内から後継の社長が選ばれました。

ここまでは良かったのですが、創業社長の奥様が株式を承継し会社の所有権を持つこととなり、経営権と所有権が分離してしまい、後継の社長が萎縮して新規の営業が停滞するということが起きてしまいました。その結果、新しい受注はなく、ほとんどの受注が創業社長の関係先のみに偏ってしまい、他社の現場応援で売上を作らざるを得ない状況となっていました。そして、創業社長が亡くなられた2年後には、売上が1億円まで減少、営業利益200万円と大幅な減収減益の状態に陥っていました。

大手ゼネコンの1次請けでしたが、従業員15名と小規模で、大きな現場に数年間入ってしまうと次の仕事との繋ぎが切れてしまい、大きな現場の終了後には次の仕事まで端境期となってしまうことも売上の減少に拍車を掛けました。

このような背景があり、私たちにM&Aの相談がありました。

創業社長の奥様の本心は、創業社長が指名された後継の社長を中心に盛り立て、奥様が保有する株式も引き受けてもらいたいということでしたが、売上の減少も止まらず、このままでは会社の維持さえも難しいと考えられて第三者への譲渡を決意されたとのことでした。

ちなみに、直近の売上は7000万円まで減少し営業赤字という状態となっていました。

経営の見える化と株式価値の算定

私たちは、会社の現状を把握し、その後、業界内の情報や創業社長の奥様へのインタビューを通じて、内部環境と外部環境を把握し経営の見える化に努めました。その結果、大手ゼネコンの支店1次請けの取引口座には価値があり、何よりも加工場を持っていること、そこには日本に数台しかない大物の鉄筋加工機があるということが「強み」になるということがわかってきました。

そして、本来であればそこそこの受注が見込めるはずの大手ゼネコンの受注が想定以上に低調なため、対象会社の売上が減少していることがわかりました。

株式価値の算定は、その時点で売上が減少している中でも営業利益が確保されていたことから、類似会社比較法のＥＶ／ＥＢＩＴＤＡ倍率を適用して行いました。銀行からの借り入れもなかったことから、純資産よりも高い価格が算定でき、オーナーの奥様も納得された上で、買手探しへと進み始めました。

マッチング

経営の見える化と株式価値の算定を行った上で企業概要書を作成しました。それと同時に地域内の同業大手に絞って買手候補を選定、アプローチを開始しました。製造業であれば広域に買手候補を選定しますが、本件で地域を絞ったのは、鉄筋工事業が労働集約産業であり、仕事のための移動半径も限られ、仕事の大半が地域内に限られてもいたため、地域の会社でないと売上やコストのシナジーがないと考えたからです。

買収できるほどの地域内の同業大手は４～５社しかなく、薄氷を踏む思いでアプローチしました。そのうちの１社が、対象会社から程近い場所の同業者を前年にＭ＆Ａしており、子会社との営業面のシナジーも期待でき、加工場を統合することで原材料の仕入れ、鉄筋加工のコスト削減が想定できるということで手を挙げてくれました。

両者面談

買手候補が現れたところで対象会社の所有者である創業社長の奥様に説明し、奥様から現在の社長にご説明いただき、早々に両者面談を行いました。現在の社長も買手の会社に対して好意を抱いていたことから、両者の面談は順調にいきました。

しかし、対象会社の売上減少が続いていたこともあり、創業社長の奥様から売上回復が予定されているタイミングまで最終の判断を待ってほしいとの連絡があり、その後は保留としていました。このような状況で年明けの新型コロナウイルス感染症が発生、受注の見込みが立たないこともあり、売上回復まで先延ばしの判断をしていた創業社長の奥様から急な電話がありました。

「とにかくM&Aの話をすぐに進めてほしい」との奥様の申し出でした。

コロナ禍でもあり買手候補からは慎重なことも言われましたが、買手のリスクを最小化するスキームをつくり、何とか買手にも納得していただき、話は再び動き始めました。

買収監査から成約へ

M&A価格は取引の直前まで業績が下落していたことから、最初に株式価値を算定したものよりも大きく下がりました。結果的に、創業社長の奥様の税金を考慮して、役員借入金の完済、役員退職慰労金の上乗せを行い、株式の譲渡対価は簿価として成約しました。

役員借入金は銀行からの借り入れに転換、手元資金から役員退職金を支給することで、買手の資金拠出を最小限にしたことが成約に繫がりました。

買手の社長からは「亡くなった創業社長の奥さんの存在もあって、これまでは社長が萎縮していたが、前向きな社長でもあり、加工場の統合によるコスト削減効果も望めるので、良いM&Aになった、感謝している」との言葉をいただきました。

業績が低下していても、売上が1億円以下であっても、見えない資産を評価してくれる買手はいます。

小さい会社の場合は、多くが同業者の中での再編になると思います。

ただ、業界が冷え込んだりすると買手探しに苦戦することもありますが、同業者で経営力のある大手は、地域内でのシェア拡大を志向しており、買収の意欲は旺盛です。
諦めなければ、チャンスはあります。

ケース4　債務超過でもM&Aはできるのでしょうか

4例目は、経営破綻の危機に陥った会社が、複数の事業の中で光る事業があり、その事業を譲渡することで負債を完済し、社長が新しい生活に踏み出したケースです。

対象会社は、ある地方都市の企業で、50代の社長が土地活用のコンサルティングで創業され、サービス付き高齢者住宅（サ高住）への訪問介護事業で成長し、輸入家具販売、エステサロン運営、就労支援と多角的に事業を運営され、ピーク時には売上5億円を計上していました。

しかし、訪問介護以外の多角化した事業が業績不振に陥り、売上も1・5億円に減少、就労支援事業の設備投資のための銀行借り入れと設備リースの返済がかさみ、資金繰りが急激に悪化している状態で私たちに相談がありました。

目前には経営破綻が迫っていました。

社長から「資金繰りも厳しく破産も覚悟しているが、唯一、安定して利益が確保できている訪問介

護事業を売却し、何とか負債を完済し新たに出直したいと考えているのだけれど可能でしょうか」と相談されました。

社長は、業績が悪化し資金繰りが厳しくなる中で、知人から紹介された経営コンサルタントに相談していましたが、経営改善計画も作成されず、銀行との交渉も宙に浮いている状況でした。今後の方向性は見えていましたが、その裏付けとなる数字も整理されておらず、ただ混乱している状態でした。

経営の見える化

私たちは、対象会社とＭ＆Ａのための秘密保持契約を結ぶと同時に経営の見える化を行いました。まずは、お金の流れの見える化によって資金繰りの構造を把握、その後、入り組んでいた数字を事業ごとに整理し、事業ごとの損益を把握しました。事業を多角化していた影響で、会社の中の数字が第三者にはわかりにくい状態となっていました。

しかも、多角化された事業を営む会社と訪問介護事業を営む会社の２つの会社に分かれており、会社同士で入り組んだ会計処理と保証が行われており、それぞれの会社で銀行借り入れがあるということで、会社の実態をつかむことが難しくなっていたのです。

このように会社の数字が入り組んで、会社の全容がよくわからないということが、銀行との交渉を難しくする原因となっていました。

中小企業の多くは事業別、商品別、輸送ルート別などの採算管理をしていません。多くは社長の経験と勘で判断しているのです。これを見える化できれば、何を改善すれば良いのか、わかってきますし、本当はもっと早くから改善できて、ここまでの状態には陥らなかったとも言えます。

事業価値の算定と経営改善計画

会社のお金の流れと事業の損益を把握したところで、次にＭ＆Ａを活用して負債の完済というスキームが可能か検討しました。

その際に行った事業価値の算定では、中小企業の価値評価の方法で一般的なＥＶ／ＥＢＩＴＤＡ倍率を適用しました。事業譲渡は、株式譲渡とは違い、事業の一部を切り出して行うものになるので、純粋に事業が生み出すキャッシュフローで評価することが可能となります。

本件を株式譲渡するとしたら、営業損益が過年度で赤字、ＥＢＩＴＤＡもマイナスのため、事業が生み出すキャッシュフローでの評価はできず、過去の積み重ねで評価できる純資産からもマイナスの営業権が発生し、実質債務超過に至った場合は1円の評価（実際は1円以下）となってしまいます。

結果として、期待した訪問介護事業にも売上減少傾向が見られましたが、ぎりぎりで負債の完済は可能になるとの判断ができ、改めて事業譲渡による負債の完済というスキームを決定しました。

また、居宅訪問介護していたサ高住2棟のうち、不動産のオーナーとの間で1棟を改装できる可能性があるとの話となり、将来の増収も見込めることとなり、より前向きな経営改善計画が策定できました。

銀行との交渉

経営改善計画の骨子は、資金繰りを安定化するため約1年間の元本返済猶予、その間に訪問介護事業の譲渡先とマッチング、負債を完済するというストーリーでした。銀行からの質問はありましたが、メイン銀行が計画を了承してくれ、他行も承諾に動き、当面の資金繰りは安定しました。

マッチング

立地などを考慮しながら同業者を中心に買手候補リストを作成し、買手候補探しを始めました。対象事業は地域密着の事業であり、この地域に拠点が欲しいという戦略と合致する買手候補を選定しました。

その結果、医療法人をはじめ複数の会社から関心が示され、結果的にオークション的な形式での譲渡となりました。

オークションとは、競争入札による方法で高めの価格も望めることから、今回のように譲渡対価で負債の完済をめざすような場合は非常に有効でした。

買収監査から成約へ

関心を示した複数の買手候補へ価格の算定に必要な資料を開示し、それぞれの買手候補から譲り受け対価を提示していただき、その中でもっとも評価の高い価格の買手へ譲渡することになりました。この結果、想定よりも高い価格での譲渡が実現して社長は負債を完済、破産することなく新しい生活を送られています。

最近の相談でも、ある製造会社の事業譲り受けの相談を買手から受けましたが、売手2代目社長に経営やものづくりへの執念がなく、経営もいいかげん、製品製造の見積もりもいいかげんなものとなり、製品ごとの採算が悪化して取り返しのつかない業績となっていました。

引退された初代社長が復帰しましたが、高齢でもあり、自身も技術的な知識が不足しており業績は悪化の一途をたどり債務超過に陥り、破産寸前という状態でした。

買手の依頼を受けて事業の譲り受けを検討しましたが、その過程で取引先との価格改定ができないことがわかり、その場合、事業を譲り受けても製品ごとの採算を見直すことは難しいと判断、断念されました。

それでも、日本に何台もない設備がある、なかなか開けない取引口座を持っている、優秀な人材を抱えているなど、債務超過でも何かしら「強み」があればM&Aを検討することは可能なのです。

おわりに

本書を最後までお読みいただきまして、誠にありがとうございます。

本書のタイトルとしました「税理士と共に進める事業承継型M&A」は、私たち日税経営情報センターが拠って立つアイデンティティ（私たちが存在している理由）で、私たちは、事業承継問題をはじめ中小企業経営者の抱えるさまざまな課題の解決に向け、税理士先生と共に取り組む総合コンサルティング会社であります。

今般、このような書籍出版を通じ、私たちの問題意識や考え方を皆様と共有できればと思っております。

本書は、事業承継型M&Aの豊富な知識と経験を有し、日税経営情報センターの中心的なプレイヤーであるM&Aアドバイザーたちとの日々のディスカッションを通じ、各々が長年にわたり現場で蓄積してきた暗黙知を形式知へと昇華することができてはじめて構想されたものです。

また、本書では、私たちが税理士先生と一緒に取り組んできた多くの案件を通じ培った実践的な知見を可能な限り盛り込みました。本書の上梓にあたり、これまで私たちと共に中小M&Aに取り組んでいただいた税理士先生とその関与先の皆様に深くお礼を申し上げます。

最後に、本書の企画段階より関わり、執筆にあたって多くの激励をいただいたダイヤモンド・ビジネス企画の岡田晴彦氏、川地彩香氏にお礼を申し上げます。

本書「税理士と共に進める事業承継型M&A」が一助となり、M&Aを活用した多くの事業承継が成功へと導かれることを心より願っております。

日税経営情報センター

【参考文献】

『事業承継ガイドライン』　中小企業庁（2016年）
『中小M&Aガイドライン　――第三者への円滑な事業引継ぎに向けて――』　中小企業庁（2020年）
『企業価値評価の実務Q&A』　株式会社プルータス・コンサルティング編　中央経済社（2018年）
『実例でわかるM&Aに強い税理士になるための教科書』　株式会社G&Sソリューションズ　山田勝也著　税務経理協会（2020年）
『M&Aスキーム選択の実務』　マクサス・コーポレートアドバイザリー株式会社　森山保編著　中央経済社（2016年）
『会社分割の法務』　長島・大野・常松法律事務所　対木和夫編著、黒田裕、大沼真共著、渡邉優樹　執筆協力　中央経済社（2017年）
『M&A契約　モデル条項と解説』　森・濱田松本法律事務所　戸嶋浩二、内田修平、塩田尚也、松下憲共著　商事法務（2018年）
『あなたの会社は高く売れます　決定版　小さな会社のM&A』　アドバンストアイ株式会社　岡本行生著　ダイヤモンド社（2019年）
『M&A失敗の要因とは?・失敗割合や失敗した会社の事例を解説』　M&A総合研究所のM&A・事業承継の記事（2020年）

【編著者プロフィール】

日税グループ

日税グループは、1972年、全国の税理士とその関与先企業の経営者向け保険を業界関係者と企画・立案する企業として出発した。税理士報酬や業界団体の制度である保険商品の保険料の集金管理業務などの事務代行事業、生命保険・損害保険の代理店事業、不動産情報サービス事業、研修・セミナー、事業承継に関わるコンサルティングなどの各種支援事業といった付加価値の高いサービスを提供する企業群である。

株式会社日税ビジネスサービス

日税ビジネスサービスは1974年の創業以来、「税理士とその関与先のために」を経営理念として企業活動を行っている。税理士報酬専門の口座振替「報酬自動支払制度」の事務代行事業、各種研修事業やコンサルティング事業などを通じて税理士や関与先の多様なニーズに応えている。

株式会社日税経営情報センター

全国の中小企業に対して、顧問税理士と共に事業承継支援、M&Aなどをはじめ、経営に関する専門的なサービスを提供している。

税理士と共に進める事業承継型M&A
中小M&Aを成功に導く最適チーム

2021年2月2日　第1刷発行

著者 ―――――― 日税経営情報センター
発行 ―――――― ダイヤモンド・ビジネス企画
〒104-0028
東京都中央区八重洲2-7-7 八重洲旭ビル2階
http://www.diamond-biz.co.jp/
電話 03-5205-7076(代表)

発売 ―――――― ダイヤモンド社
〒150-8409　東京都渋谷区神宮前6-12-17
http://www.diamond.co.jp/
電話 03-5778-7240(販売)

編集制作 ―――― 岡田晴彦
制作進行 ―――― 川地彩香
装丁 ―――――― 上田英司(シルシ)
DTP ―――――― ローヤル企画
印刷・製本 ―――― シナノパブリッシングプレス

ISBN 978-4-478-08485-4